第五版発行に当たって

　出版業界や印刷・製本業界には、それぞれ独特の用語が数多くあり、日常的に用いられています。この小冊子は、出版社の新入社員や比較的経験の浅い方々が、これら業界用語を検索する際に手軽に利用できる手引きとして作成したもので、初版は1982年4月、1988年に第二版、1999年に第三版、2008年に第四版を発行いたしました。

　技術的な進歩や業界の変遷に伴って、新たな言葉が生まれています。今回の第五版でも業界関連の初歩的な用語を加えるとともに、古くなったコンピュータ用語、ほとんど使われなくなった言葉のいくつかを削除し、本文中の統計数字等も新しいものに差替えました。また、現在、活版印刷がほとんどなくなっておりますが、活版時代からの派生した用語、活版印刷そのものの用語につきましては引き続き【印刷/活版】として残しました。

　この冊子の性格上、用語の解説はもっぱら簡潔・簡略を旨としていますので、厳密な情報を必要とする場合……　　　　　　　　献を合わせて参照されるよう希望します。

JN045748

2024年4月
一般社団法人日本書籍出版協会
研修事業委員会

目次

はしがき ……………………………………………… 1

凡例 ………………………………………………… 4

本文 ………………………………………………… 6

付録 ………………………………………………… 73

凡例

掲　載　内　容　1. 出版業界や関連業界で日常的に用いられる言葉約 900 項目を抽出し、できる限り簡潔な説明を付した。

2. ただし、頻繁に用いられる言葉であっても、自明と思われる用語は割愛した（例えば、本、伝票の類）

3. 適宜参照項目を掲げ、項目間の関係を理解しやすいように努めた。

4. 本文の説明文で不十分な項目については、巻末付録に一括して例示した。

配　　　　列　1. 見出し項目を五十音順、末尾にアルファベット順に配列した。

2. この場合、長音（ー）は無視し、濁音、半濁音は清音として扱った。

見　出　し　項　目　1. 見出し項目はゴシックで示した。

2. 見出し項目の中に、必要に応じて（　）を用いた。（　）の使い方はおおむね次の 6 通りである。

（a）誤読の可能性がある項目について、（　）内にふりがなを入れたもの。

例：**角書（つのがき）**

（b）見出し項目が外来語の場合、（　）内に原綴を示したもの。

例：**エンボス（emboss）**

（c）一般的に使われている略称を見出し項目に掲げた場合、正式名称を（　）内に示したもの。

例：**独占禁止法（私的独占の禁止及び公正取引の確保に関する法律）**

（d）C 項と逆に正式名称を見出し項目にした場合、略称を（　）内に示したもの。

例：**通信販売（通販）**

（e）見出し項目に同義語がある場合、それを（　）内に示したもの。

例：**しおり（スピン）**

（f）見出し項目から派生して慣用される熟語がある

場合、それを（　）内に例示したもの。

例 : **委託（委託制度、委託販売、委託配本）**

見出し項目の分類　1. 見出し項目の右端の〔　〕内に分類（主に使用される分野）を示した。

2. 分類は下記の9種類とした。

(a)〔編集〕主として編集関係で用いられる用語

(b)〔販売〕主として出版販売・流通上用いられる用語

(c)〔著作権〕主として著作権法に関係する用語

(d)〔宣伝〕主として宣伝・広告関係で用いられる用語

(e)〔印刷〕主として印刷関係で用いられる用語

(f)〔印刷 / 活版〕主として活版印刷で用いられる用語

(g)〔製本〕主として製本関係で用いられる用語

(h)〔用紙〕主として用紙関係で用いられる用語

(I)〔コン〕主としてコンピュータ、電子出版、ネットワークに関係する用語

参　照　項　目　1. 同じ意味の用語が複数ある場合、原則として説明文を1ヵ所にまとめ、その項目を〈　〉に示し、（　）でページ数を付した。

例 : **短冊**→〈スリップ〉(P.32)〈注文伝票〉(P.39)

2. 関連する項目がある場合も、説明文の後に〈　〉をつけて示し、（　）でページ数を付した。

例 : **凹版（凹版印刷）**→〈グラビア印刷〉(P.18)

3. 巻末付録にまとめて例示・説明した項目については、「　」内にその標題を掲げ、該当ページ数を示した。

例 : **子持ちケイ**→付録「罫線」(P.84)

4. 説明文の中に、見出し項目となっている用語を用いた場合は、＊印を付けた。ただし、参照する必要がそれほどないと思われる場合は、煩雑になることを避けるため、＊を省略してある。

あ

間紙（あいし、あいがみ）　　〔印刷・製本〕
乾燥不十分な印刷面が、他の印刷面などに
付着しないよう挿入される薄紙。

アウトライン・フォント（outline font）
　　　　　　　　　　　　　　　　〔コン〕
文字を、点の座標と輪郭線で表現する＊
フォント（書体）。文字を拡大しても、滑
らかで、大きさも 3 ～ 200 ポイント位まで
使える。
→〈フォント〉（P.53）

亜鉛凸版（亜凸）　　　　　　　〔印刷〕
亜鉛を版材にした＊凸版。通常、線画凸版
を指す。

青焼き（あおやき）　　　　　　〔編集〕
＊オフセット版や＊グラビアを＊校正する
ために、ポジフィルムを青写真感光紙に焼
き付けて複写したもの。

赤残（あかざん）
一般に支出が収入より多く、残高が赤字に
なること。出版社においては、＊返品が多
くて＊取次との取引残高が赤字になる場合
を指す。

赤字　　　　　　　　　　　　　〔編集〕
＊校正刷りの＊誤植などを訂正するために
書きこむ＊校正記号や文字。赤インキを使
うためにこう呼ばれる。
→〈校正〉（P.22）

赤字引合せ（赤字合せ）　　　　〔編集〕
＊再校以後、前校の＊赤字が指定通りに＊
差替えられているかどうかをチェックする

作業。
→〈校正〉（P.22）

赤伝（あかでん）　　　　　　　〔販売〕
＊返品伝票のこと。罫などを赤色で印刷し
てあるため「赤伝」と呼ぶ。

赤本（あかほん）
明治から大正にかけて、子ども向きの物語
や講談本で、赤など極彩色の表紙を用いた
小型本が流行し、赤本と呼ばれていた。後、
転じて内容が低俗で造本の粗悪な本を指し
て「赤本」と呼ぶようになった。

アクセシブル・ブックス
視覚障害、上肢障害、識字障害（ディスク
レシア）などの紙の本を読むことが困難な
人々のために、紙以外のフォーマットで発
行される書籍。電子書籍ではデイジー図書・
オーディオブック、紙の書籍では点字図書・
拡大図書等。
→〈読書バリアフリー〉（P.45）〈ABSC〉
（P.68）

朝の読書運動
1988 年に学校で授業開始前の 10 分間、生
徒と教師が自分の読みたい本を自由に読む
読書運動を開始。2020 年時点で全国の小・
中・高校で 23,500 校を超えた。2007 年に
は朝の読書を基盤に、家族みんなで本を読
む習慣「うちどく（家読）」も提唱された。

アジア・太平洋出版連合（APPA）
（Asian Pacific Publishers Association）
アジア・太平洋諸国の出版協会により、
1994 年に設立され、相互協力による出版
活動の促進を目的とする。2021 年 4 月時
点の加盟団体は 12 団体。

足つぎ　　　　　　　　　　　　〔製本〕
本の開きを良くするため、＊のどの部分に
紙・薄布等を継ぎ足し、＊綴じ代を多くす

ること。＊別丁の図版類を＊本文に貼り込む場合や、＊仮製本の表紙などに用いる。

足付け　　〔印刷／活版〕

＊写真版や＊凸版は紙型にとると精度が落ちるため、動かないように＊鉛版に直接はめこみ、活字の高さに揃えること。

あじろ綴じ　　〔製本〕

＊無線綴じを改良したもの。＊折丁の背に機械で切れ目を入れ、接着剤をしみ込ませて固着する方法。

頭紙（あたまがみ）　　〔販売〕

書籍・雑誌を発送する際、梱包の表面に貼付する宛名紙。

あたり（あたり線、あたり罫）　　〔印刷〕

＊オフセット版の＊台紙に、写真や図版などの位置（外郭）を示すために描かれる極細の線。印刷時に実線で現れないように＊製版するのが普通である。

厚表紙（堅表紙）

＊本製本の表紙の一種で、芯に＊黄板紙（きいたがみ）など厚い紙を用いたもの。

アップロード（upload）　　〔コン〕

クライアント（端末側）からインターネット上のサーバーやクラウドへデータを転送すること。

アドヴァンス（advance payment）

　　〔著作権〕

＊著作権使用料支払いの一方式で、＊出版契約と同時に、または発行前に一定額を前払いすること。契約金または最低保証金の意味をもち、翻訳出版に多い。

あとがき

本の巻末に付ける文章。著者自身が書くのが普通だが、知人が一文を寄せる例もある。

アート紙（art paper）　　〔用紙〕

＊上質紙の表面にクレーなど顔料を塗り、

＊カレンダーをかけて光沢をつけた用紙。表面が平滑なため細かい＊網点の再現性に優れ、＊多色印刷などに適している。

後付（あとづけ）

＊本文の後、巻末に付けられる部分。書籍では主として、付録・付図・＊索引・＊参考文献・＊あとがき・＊奥付などを指す。

雨だれ　　〔編集〕

記号文字「！」の別称。

余り丁（あまりちょう）

印刷・製本段階で生ずる指定数以上の＊刷り本。加工中のロスに備えて保管される。

網かけ

写真や絵画原稿に＊スクリーンを掛け、＊網点によって濃淡を再現すること。

網点

写真や絵画原稿などを製版する際、＊スクリーンを掛けて作られる細かい点の集合。視覚的に濃淡を感じさせることができる。

網版

＊スクリーンを掛けて製版した網目凸版（平版にも言う場合がある）。

網ふせ

一部分に＊スクリーンを掛けること。単調な文字原稿に変化をつけることができる。

アンカット（uncut）　　〔製本〕

書籍の三方の＊小口を化粧裁ちしないで製本したもの。ペーパーナイフで切って読む。

アンチック（antique）　　〔編集〕

→付録「活字の書体」（P.83）

い

鋳込み　　　　　　　　　　〔印刷／活版〕

鉛合金を熱で溶かし、＊母型に流し込んで活字を作ること。または、＊紙型に流し込んで＊鉛版を作ること。

板紙（ボール）　　　　　　　　　　〔用紙〕

表紙の芯などに用いる厚手の紙の総称。白板紙、黄板紙、チップ・ボールなどがある。

委託（委託制度、委託販売、委託配本）

商品の販売方式の一つ。一定の期間を定めて小売店に委託して、その期間内に売れたものの代金を受取り、売れ残ったものは返品してもらう販売システムのこと。日本の出版物（書籍・雑誌）の大半がこのシステムを利用している。＊取次会社は出版社から委託扱いで仕入れ、書店に委託扱いで販売する形式となる。書籍の場合、＊新刊委託、＊長期委託等の種類があり、＊委託期間やその他の取引条件は様々である。

→付録「委託期間と精算期日」（P.77）

委託期間　　　　　　　　　　〔販売〕

書籍と雑誌の別、委託形態によって委託期間は様々である。

→付録「委託期間と精算期日」（P.77）

イタリック（italic）

欧文活字の斜体。

→付録「活字の書体」（P.83）

市会（いちかい）　　　　　　　　　　〔販売〕

出版物の卸特売の行事。出版社が行うものと、＊取次会社が行うものとの2種類がある。商品展示場での受注の他、最近では目録によって特別受注を行う「通信市会」の形をとるものが多い。

一部抜き

製本作業に入る前に、1冊分が順序通り完全に印刷されているかどうかを確かめる目的で、＊刷り本を1部ずつ抜き出し、とり揃えたもの。

糸綴じ（いととじ）　　　　　　　　　　〔製本〕

書籍の＊折丁の＊背を木綿糸を用いて綴じつけること。「かがり」ともいう。＊本製本の場合、最も一般的な綴じ方。

→〈無線綴じ〉（P.61）〈針金綴じ〉（P.50）

入り広（いりこう）　　　　　　　　　　〔宣伝〕

自社の＊定期刊行物に掲載するために、外部から取る広告のこと。

→〈出し広〉（P.37）

入り正味（いりしょうみ）　　　　　　　　　　〔販売〕

仕入れ正味のこと。たとえば＊取次会社では出版社から仕入れる場合の＊正味を入り正味といい、書店に販売する正味を＊出し正味という。

色合せ　　　　　　　　　　〔印刷〕

刷り始めの印刷インキの色調を、基準となる＊校了紙や＊色見本と照合し、差異がある場合は同じ色に調節すること。最近ではコンピュータを用いて行うこともある。

色紙（いろがみ）　　　　　　　　　　〔用紙〕

着色された紙の総称。抄造過程で繊維に染色したものと、抄造後に表面に着色したものの2種類がある。

→〈色上質〉（P.9）

色校正（色校）　　　　　　　　　　〔編集〕

＊指定した色で刷った印刷物の＊ゲラ刷りを＊校正すること。＊色指定を確かめ、＊刷り色の効果をチェックする。

色指定 〔編集〕

＊多色印刷で、文字や図版などの色を決め指示すること。基準色の＊掛合せで指定する場合と、＊色見本で指定する場合がある。

色上質（色上） 〔用紙〕

＊上質紙を抄造する過程で着色した用紙。＊扉やカラーページ、あるいは便箋等事務用にも用いる。

→〈色紙〉（P.8）

色刷り 〔印刷〕

普通は＊多色印刷を指すが、＊墨以外の1色刷りにも使うことがある。

色箔 〔製本〕

顔料を粘着剤で固めて箔状にしたもの。これを＊金版につけて型押しをし、本の表紙や＊背文字に色で箔押しをする。

→〈箔押し〉（P.49）

色分解（いろぶんかい） 〔印刷〕

＊多色印刷をするために、＊原稿（写真や絵画など）から4色（青、シアン（C）・赤、マゼンタ（M）・黄、イエロー（Y）・墨、スミ（K））に分けたネガを作ることをいう。

→〈三原色〉（P.25）

色別スリップ 〔販売〕

出版部門や販売条件などによって、＊スリップを色分けしたもの。常備寄託スリップが代表的な例である。

色見本帳（インキ見本帳） 〔編集〕

印刷物のインキの色を指定する場合、印刷所との間で色の判断に誤差を生じないために用いる見本帳。色番号が入っていて、切り取って印刷所に手渡すことができる。

印刷ぶれ 〔印刷〕

印刷故障の一種で、例えば1本の罫線が二重になったり、写真版が濃淡二重焼きのように印刷されること。印刷機の振動や、＊くわえの不十分さ等が原因で発生する。

印刷むら 〔印刷〕

印刷面が均一にならず、インキの濃淡にむらのある状態。＊むら取りが不十分だったり、インキの質、適正によっても発生する。

印税（いんぜい） 〔著作権〕

出版者から＊著作権者に支払われる＊著作権使用料の一種で、書籍の場合に用いられる。＊定価に対する比率を定め（印税率と呼ぶ）、発行部数（または実売部数）に乗じて金額が決定される。一般書では7〜10％の契約が多いが、部数に応じて段階的に印税率を変えている例もあり、実態は千差万別である。

→〈著作権使用料〉（P.40）〈検印〉（P.20）

インタラクティブ（interactive） 〔コン〕

双方向、対話の意味で、一方通行のメディアではなく、ウェブサイトやCD-ROM等の電子メディアなど、情報が双方向で伝達されるものや、利用者が自分の受け取る情報の種類や順序を選択できるものを「インタラクティブメディア」という。

インディア紙（India paper） 〔用紙〕

ごく薄手の印刷用紙。しなやかで＊裏抜けしにくい特徴があり、辞典類・聖書などに多く用いられている。

インテル 〔印刷/活版〕

活版組版の＊行間を空けるために用いる＊込め物。活字面より低い。

引用 〔著作権〕

「正当な範囲内」で自己の＊著作物に他人の著作物の一部を挿入して利用すること。判例では、主従の関係、明瞭区別性が要件とされている（著作権法32条）。また、＊出所明示が必要とされる。

う

薄表紙（紙表紙、ソフト・カバー）

　*本製本の表紙の一種で、芯に薄い紙を入れたもの。

打返し　　　　　　　　　　〔印刷〕

　印刷機に版を組付ける際の形式で、「半裁掛け」または「ドンデン」とも呼ばれる。紙の表面に印刷する版と、裏側の版を半分ずつ同時に取付け、1面を刷った後に方向を逆にして反対面を刷る。これを断裁すると同一の紙から二つの*刷り本ができる。
　→付録「版の掛け方」（P.85）

内校（うちこう）（内校正）

　印刷所が発注者に*校正刷りを出す以前に内部で*校正すること。“ないこう”ともいう。

埋草（うめくさ）

　雑誌や新聞を編集する際、*割付上の余白を埋めるために挿入する短い記事やカット類のこと。

裏移り（裏写り）　　　　　　〔印刷〕

　印刷インキが十分乾燥しないうちに重ねることによって、用紙の裏面にインキが付着して汚れること。裏汚れともいう。また印刷の濃さ、紙厚の問題から印刷した紙の裏面に文字などが透けて見えること。

裏ケイ

　→付録「罫線」（P.84）

裏白（うらじろ）

　裏に何も印刷されていないページを指す。普通、*扉や*口絵などがこの形になる。

裏抜け　　　　　　　　　　〔印刷〕

　用紙の片側に印刷されたインキが、裏側にしみ出す印刷故障のこと。

裏貼り　　　　　　　　〔印刷・製本〕

　（1）*紙型の裏側に紙を貼って補強すること。

　（2）見返しや表紙の裏側に、紙や布を貼って補強すること。

裏汚れ　　　　　　　　　　〔印刷〕

　→〈裏移り〉（P.10）

上つき（うわつき）

　文字や数字が、*字面（じづら）の上部に片寄って付けられているもの。数字や化学記号などに多く用いられる。

運賃込正味制　　　　　　　〔販売〕

　全国の書店で等しく定価販売できるよう、1959年から出版業界で実施している制度。書籍輸送運賃を、全国プール計算処理するもので、*定価の1%をこれに当てている。
　→〈地方正味格差撤廃負担金〉（P.39）

え

エア・ブラシ（air-brush）

　インキ、絵具を霧状にして吹きつける器具。写真原稿やイラストの濃淡の調子を修正する際などに用いる。

エージェント（literary agent）　〔著作権〕

　→〈リテラリー・エージェント〉（P.65）

鉛台　　　　　　　　　〔印刷／活版〕

　*写真版や*亜鉛凸版の裏側に接着し、版の高さを活字の高さに揃えるための鉛合金製の台。

鉛版（えんばん）　　〔印刷／活版〕

*活版印刷で、*原版から作る複製版の代表的なもの。*組版から*紙型を取り、これに溶かした鉛合金を流し込んで鉛版にする。

→〈丸鉛版〉（P.60）〈原版刷り〉（P.21）

鉛版校正　　〔印刷／活版〕

鉛版から取った*ゲラ刷りの*校正。通常の校正と異なり、訂正は*象嵌（ぞうがん）となる。

エンボス（emboss）

装飾効果を高めるため、紙に型押しをして凹凸の模様をつけること。カタログの表紙とか名刺の商標などに使われている。

追込み　　〔編集〕

段落を設けず、行を続けて組むこと。例えば1行分がページの外にはみ出したような場合の処理に用いる。

→〈改行〉（P.12）

凹版（凹版印刷）（おうはん）　　〔印刷〕

印刷の*三版式の一つで、インキの付着する*画線部が*版面よりくぼんでいる版式。画線部は繊細でシャープ、全体として重厚な印刷物になるのが特徴で、紙幣をはじめ有価証券、切手など特殊な用途に用いられる。雑誌の*口絵などに使われる*グラビア印刷もこの凹版の一種である。

→〈グラビア印刷〉（P.18）

大型店　　〔販売〕

店舗面積の大きな書店のこと。業界では普通、500㎡以上位の書店を称している。

奥付（おくづけ）

書籍・雑誌の巻末に、その*表題、*著作者名、発行者名、発行所名、印刷所名や発行年月日、版数・刷数、*定価、*ⓒ表示等を一括して記載したページをいう。戦前は出版法等によって義務付けられていたが、現在でも慣行によって、この箇所に書誌的事項を記載する例が多い。

オーディオブック

本の朗読や講演等をCDやカセットテープに録音した商品。録音図書ともいう。近年は、サブスクリプション型のオンライン配信が主流。アプリ内ダウンロードができるもの、購入したものをMP3の形式でダウンロードできるものもある。

オーナメント（ornament）

→付録「罫線」（P.84）

おび（帯紙）

書籍の表紙や外箱に帯のように巻いた紙のことで、俗に「腰巻」とも呼ばれる。主として宣伝の目的で、内容紹介や著名人の推薦の言葉などを記載している例が多い。

オフセット印刷（offset printing）　　〔印刷〕

版から紙に直接印刷せず、いったんゴム布（ゴム・ブランケット）に転写してから印刷する方法。*平版は大部分オフセットによって刷られるので、一般には、オフセット即ち平版印刷を指すことが多い。

→〈オフ輪〉（P.11）

オフ輪（おふりん）　　〔印刷〕

オフセット輪転印刷機の略。巻取紙を使って紙の片面または両面同時に多色印刷ができる。主要部は版胴、ゴム胴、圧胴の3胴で構成されているのが一般的で、ゴム胴と圧胴の間を紙が通って印刷される。

表ケイ（おもてけい）

→付録「罫線」（P.84）

折り　　　　　　　　　　　　　〔製本〕

＊製本工程の一つで、印刷された＊刷り本をページ順になるように折りたたむこと。16ページ折り（八つ折り）が標準で、回し折り、巻折りなどの折り方がある。

→〈折丁〉（P.12）

折込み

本文ページの＊判型より大きい別紙をたたんで挿入すること。地図、写真、図表などに多い。

折込み広告　　　　　　　　　　〔宣伝〕

宅配の新聞にはさみこむペラ物の広告。チラシとも呼ばれている。

折丁（おりちょう）　　　　　　〔製本〕

＊刷り本をページ順になるように折ったもの。普通は16ページ単位（または32ページか8ページ）で1台になっており、＊背丁がつけられている。

→〈丁合い〉（P.39）

オールド（old style, old face）

欧文書体の一つ。

→付録「活字の書体」（P.83）

オンデマンド出版　　　　　　　〔印刷〕

オンデマンド（on demand）とは要求のあり次第という意味で、読者のニーズに合わせて1部または少部数でも出版物を印刷製本できるシステム。これにより、＊絶版、品切れの本や小部数の出版が可能になる。

音引き（おんびき）

長音記号「ー」の俗称。

オンライン受発注　　　　　　　〔販売〕

出版社、＊取次会社、書店がそれぞれの間で＊新出版ネットワーク等を介して電子データで受発注を行うこと。在庫情報の提供や受発注のデータ交換がインターネット上で実現できる。

オンライン書店

インターネットで本を注文し、書店、自宅、＊CVS等、身近な場所に届けてくれる。オンライン書店は実際に店舗を持つリアル書店とインターネット上のみの書店の2種類がある。

→〈ネット書店〉（P.48）

開架式

図書館における閲覧方式の一つ。閲覧室と書庫の区別をなくし、利用者が自由に図書を選択し、書架からとり出せるシステム。日本では戦後になってから普及した。

→〈閉架式〉（P.56）

改行　　　　　　　　　　　　　〔編集〕

文章の段落で行を変えること。原則として改行の冒頭は1字下げにする。原稿で改行が不明確な箇所は、所定の＊校正記号を付けて明確にする必要がある。

→〈追込み〉（P.11）

買切り制　　　　　　　　　　　〔販売〕

＊委託制と異なり、販売業者が仕入れた商品を＊返品しないことを条件とする販売制度。注文品は原則買切りである。従来、日本の出版物の多くは委託で販売され、ごく少数の出版社が買切り制を採用してきた。特定の書籍に限って買切り制（書店の申込み部数による）にしているものもある。

外字（がいじ）

(1) *JIS 漢字コード等の標準的な規格に含まれていない文字。

(2) 〔活版〕使用頻度が低く出張ケースに入らない漢字の活字。

解像度（**resolution**）

ディスプレイの画面や、プリンタの印刷文字など、どのくらい細部まで表現できるかを表す尺度。単位は、*ドット、*dpi。

海賊版　　　　　　　　　　　〔著作権〕

国際条約で保護されている *著作物を *著作権者に無断で、他の国で複製し刊行した出版物のこと。*ベルヌ条約、*万国著作権条約等に加盟している国同士の間の著作権侵害を指す。

改訂版

既刊書の内容に変更を加えて新たに発行される版を指す。*初版に対しては第 2 版になる。→〈刷（さつ）〉(P.24)

改丁（かいちょう）　　　　　　〔編集〕

章や編の変わり目で *丁を改めること。必ず *奇数ページ起しとなる。

→〈改ページ〉(P.13)

回転率　　　　　　　　　　　　〔販売〕

商品が売買によって一定期間に回転する度数のこと。回転が速いほど経営的に有利であるが、書店の平均回転率（年間）は4.19 回という（トーハン「書店経営の実態2019 年度版」による）。

買取り原稿　　　　　　　　　　〔著作権〕

出版者が *著作者（または *著作権者）に対して、*印税方式を取らず、原稿料として一度に支払い、独占的に使用する契約を指す。別段の契約がない限り、著作権譲渡とはみなされず、"特定目的に限り使用が認められた"と解するのが普通である。

外売（がいばい）　　　　　　　〔販売〕

書店で、担当者が得意先（学校、家庭、企業等）を訪問して販売すること。店売りに対する言葉。

解版（かいはん）　　　　　　〔印刷 / 活版〕

*活字組版をばらすこと。大きな活字や *込め物はケースに戻し、本文活字は溶かして鋳造し直すのが普通である。

改ページ　　　　　　　　　　　〔編集〕

章や編の変わり目でページを改めること。

→〈改丁〉(P.13)

かがり　　　　　　　　　　　　〔製本〕

→〈糸綴じ〉(P.8)

書き文字

文字に個性をもたせるため、*活字や *写植によらず、手書きした文字。広告やポスター類の見出しに多く用いられる。

学参（がくさん）

学習参考書の略。小・中・高校生の学習補助や受験準備のための図書類を指す。

隠しノンブル　　　　　　　　　〔編集〕

(1) ページ数に含まれながら、*ノンブルが印刷されていないページを指す。中扉や全面図版、写真などに多い。

(2) 詩集などで、デザイン的な要求から、ノンブルを *小口に付けず、目立たないように *のどの側に付けたもの。

掛　　　　　　　　　　　　　　〔販売〕

→〈正味〉(P.29)

掛合せ　　　　　　　　　　　　〔印刷〕

(1) 2 色以上の色インキを刷り重ねて中間的な色彩を出すこと。

(2) 1 台の印刷幾で、別々の版を同時に印刷すること。インキの種類が同じで、ページ数に半端が出ないことが条件である。

掛落ち入帳

→〈歩安入帳〉（P.55）

かこみ 〔編集〕

新聞や雑誌の記事で、周囲を罫線などで
囲ったもの。コラムとも呼ぶ。

飾りケイ

→付録「罫線」（P.84）

加除式出版物

内容の一部が頻繁に変更される法令集など
で、変更部分だけを差替えられるように綴
込み式にした出版物。

→〈追録〉（P.41）

カスミケイ 〔編集〕

→付録「罫線」（P.84）

画線部（がせんぶ） 〔印刷〕

印刷用の＊版面で、インキの付着する部分。

画素

→〈ドット〉（P.46）

課題図書

全国学校図書館協議会などが主催する青少
年読書感想文全国コンクールに際し、その
対象図書の一部として選定される 18 点前
後の書籍（小・中・高校生向き）。

肩つき

→〈上つき〉（P.10）

堅表紙

→〈厚表紙〉（P.14）

活字（ポイント活字、号数活字）

(1)〔印刷／活版〕鉛合金を棒状にした末
端に、＊母型を用いて文字を左右逆に
凸型に鋳込んだもの。＊活版印刷に用
いる。＊ポイント活字、＊号数活字の他、
＊新聞活字などがある。

(2) 転じて、印刷された文字一般を指す。

→付録「和文活字の大きさ」（P.79）

カット（cut） 〔編集〕

出版物の本文やタイトルの部分に挿入する
小さな絵や写真のこと。

活版印刷 〔印刷／活版〕

＊活字を主に使用した＊凸版印刷のこと。
普通、活字組版から＊紙型を取り＊鉛版に
複写して印刷するが、組版から直接印刷す
る＊原版刷りの方法もある。

割賦販売（割販） 〔販売〕

月賦販売とも呼ばれ、商品を読者に引き渡
した後、月払いなどの形で代金を回収する
販売法。全集や百科事典その他高額商品に
利用される。

合本（がっぽん）

新聞・雑誌や、分売のシリーズ類などを何
冊分かまとめて、1 冊に製本し直したもの。

角（かど）

→付録「本の各部分の名称」（P.78）

金版（かなばん） 〔製本〕

本の表紙に＊箔押しや＊空押しをするため
の凸版。主に真鍮製（大部数のものは鋼鉄）
で手彫りで彫刻して作成する。

カバー

書籍の表紙の上にかける覆い紙のことで、
英語では jacket にあたる。当初は表紙の保
護が目的であったが、現在では、宣伝や装
飾的効果を重視するようになっている。

→付録「本の各部分の名称」（P.78）

過払い 〔販売〕

＊取次会社から出版社への支払いが、買掛
け残高より多くなってしまった状態。＊委
託販売では＊搬入から 1 ヵ月後に取次か
ら＊条件払いが行われ、6 ヵ月後に精算
する習慣があるが、見込みより＊返品が多
すぎるとこの状態になることがある。

かまぼこ

書籍の＊小口の丸みを保つために、外箱の奥に入れるかまぼこ型の板紙。

紙焼き

印刷原稿として使うために、光沢のある印画紙に焼きつけた写真。

空押し（からおし）　〔製本〕

本の＊平や＊背に熱した＊金版を強圧し、文字や模様を凹型に型押しすること。金箔や＊色箔を用いたものは＊箔押しと呼ばれる。

仮製本（かりせいほん）　〔製本〕

本の中身を綴じてから表紙と接着し、表紙と中身を同時に＊化粧裁ちする製本方法。表紙は紙表紙を用い、その付け方によって＊くるみと＊切付けに分かれる。＊本製本と異なって、表紙と中身が同寸法であることが特徴で、雑誌、教科書、軽装本に多い。

仮払い

→〈条件払い〉（P.29）

カレンダー（calender）　〔用紙〕

紙に光沢を付ける装置。

刊行

本を発行すること。刊は"彫る"の意味で木版印刷時代の名残の言葉といえる。

完全原稿

(1) 筆者から出版社に手渡される＊原稿が、＊校正段階で訂正がないよう、完成されていること。

(2) 出版社から印刷所に＊入稿する際、＊組み方指定や＊割付が完全になされていて、すぐ＊組版できる状態にある原稿。

神田村　〔販売〕

神田神保町周辺にある中小取次店グループの俗称。転じて、小取次を指す代名詞として用いられている。2024年1月現在、9社の取次店が、東京出版物卸業組合を構成している。

観音折り（かんのんおり）　〔製本〕

＊見開きページの両端を内側に折りたたむ＊製本様式。雑誌の＊目次などに用いられ、片ページだけのものを「片観音」という。

寒冷紗（かんれいしゃ）　〔製本〕

木綿・麻などをごく粗めに織った布。＊本製本の＊背がための際、背貼り材として用いる。

き

黄板紙（黄ボール）　〔用紙〕

わらパルプや紙屑などを原料に使った＊板紙。表紙の芯などに用いる。

機械植字　〔印刷〕

原稿をテープにせん孔し、これに基づいて活字鋳造から＊文選・＊植字までを一度に行ってしまうシステムのこと。＊モノタイプ、＊ライノタイプなどの種類がある。

規格判

JIS規格に基づく本の寸法のこと（A4判、A5判、A6判、B6判など）。

→付録「判型の一例」（P.77）

既刊

文字通り、既に＊刊行された本のこと。

季刊

年4回（3ヵ月ごとに）発行される雑誌。

菊判（きくばん）

(1) JIS規格の原紙寸法の一つで、A列本判よりやや大きいサイズ。

(2) 規格外の＊判型の一つで菊判原紙を16裁したサイズ。A5判よりやや大きい。

→付録「判型の一例」（P.77）

期限切れ返品　　　　　　　　　〔販売〕

定められた＊委託期間が過ぎた後に返品される書籍・雑誌のこと。原則として入帳不能であるが、＊歩安入帳などの形で出版社が引き取らざるを得ない場合もある。

寄稿契約　　　　　　　　　　　〔著作権〕

＊定期刊行物に掲載する目的で＊著作者から原稿提供を受ける際の契約。短期間で終了するため口頭契約が多いが、後に単行本にまとめて出版する予定がある場合等は、その旨を明記した契約書を作成しておくのが望ましい。また、著作権譲渡を受ける場合も別段の契約が必要である。

稀覯本（きこうぼん）

市場に出ることが少ない珍しい本のこと。主に年代を経たものを指すが、学術上貴重な文献や文学書の初版本などにも使われる。

奇数起こし（きすうおこし）　　〔編集〕

新しくページを起こす場合に奇数ページから始めること。縦組右開きの本では左側、横組左開きでは右側が奇数ページになる。

きっこう（亀甲）

かっこの一種〔　〕。

基本図書

図書館において、最低これだけは備えておく必要があるとされている図書類。館種によって、また利用者層によって異なる。

客注（客注品）　　　　　　　　〔販売〕

書店が顧客の＊注文を受けて出版社に発注するもの。一方、書店が売行き予測に基づいて発注するものは＊見込み注文と呼んでいる。

逆目（ぎゃくめ）　　　　　　　〔用紙〕

書籍・雑誌を製本した場合、＊用紙の目は天地方向に通っているのが普通であるが、その反対に＊背と直角に目が通っている状態を指す。＊のどが波立って開きが悪く、またこわれやすい欠点がある。

→〈用紙の目〉（P.64）

休刊

＊定期刊行物の発行を一時中止すること。製作上の障害による一時的なもののほか、経営上の理由等で＊廃刊に及ぶ場合もある。

級数

＊写植の文字や記号の大きさを表す単位。0.25mm（quarter）を1級とし、その倍数によって各種の級が作られる。＊指定に当っては、Qなどを用いる。

→付録「文字の大きさ」（P.80）

行送り（ぎょうおくり）　　　　〔編集〕

(1) ＊割付のページ末の行を次ページの初めに、またはページ初めの行を前ページに移すこと。＊校正の際、多くの文字を追加したり削除する場合に起こるが、校正者としては最小限にとどめるよう留意すべきである。

(2) 行の最上部から次の行の最上部までの距離、つまり文字の高さに行間を足したもの。＊行間と混同しやすいので注意が必要。

教科書体

→付録「活字の書体」（P.83）

行間（ぎょうかん）　　　　　　〔編集〕

＊組版になった文章の行と行との間の空間を指す。＊活版では＊インテルの＊ポイント数で指定し、＊写植では＊歯送り数で指

定する。

共通雑誌コード

1987年4月から採用された雑誌のコード体系で、国名、雑誌名、月号、定価などを13桁の＊バーコードで表示するもの。

共有書店マスタ

全国の書店に共有の書店コードを割り振り、販売データのマーケティングデータとして有効活用をはかるために作られた「日本の書店のデータベース」。＊日本出版インフラセンター（JPO）の書店マスタ管理センターが管理。
→〈JPO〉（P.70）

キャプション（caption）　〔編集〕

写真や挿絵などの説明文。"＊ネーム""絵とき"ともいわれる。

共同著作権　〔著作権〕

著作権法では「二人以上の者が共同して創作した著作物であつて、その各人の寄与を分離して個別的に利用することができないものをいう」（第2条1項12号）と定義されている。即ち、ある書籍の第1章・4章をAが、第2・3章をBが分担執筆したような場合は、共同著作物とはいえない。
→〈結合著作物〉（P.20）

清刷り（きよずり）　〔印刷〕

＊写真製版の＊版下にするために、＊活字組版や＊凸版から＊アート紙など平滑な紙に鮮明に印刷したもの。または保存用や校正用として小部数を特に上質な紙に刷ったもの。

切込み象嵌（きりこみぞうがん）
〔印刷／活版〕

＊鉛版を訂正する方法の一つで、数字分または数行分をまとめて訂正する際に用いる。訂正部分を＊組版して＊紙型取りをし、小鉛版を作ってもとの鉛版を切り抜いてはめこむ。紙型象嵌とも呼ぶ。
→〈象嵌〉（P.35）

切付け表紙　〔製本〕

＊仮製本の一種。本の中身の前後に表・裏の表紙を置き、ともに針金で綴じ、＊背をクロスで巻いたもの。教科書に多い。

キロ連　〔用紙〕

→〈連量〉（P.66）

近刊

近日中に出版される図書を指す。

禁則処理

行末や行頭にきてはおかしい、句読点、記号、文字が来ないようにする機能。

金付け　〔製本〕

＊小口装飾の一種で、金箔を用いたもの。三つの小口に塗布するのを三方金、＊天だけのものを＊天金と呼ぶ。

听量（きんりょう）　〔用紙〕

用紙の重さを表わす単位で、メートル法施行以前に用いられた。1連500枚の重さを听（ポンド＝約453g）で表したもの。現在では＊連量に統一されている。

口絵

書籍や雑誌の＊前付の部分に＊別丁で入れる写真や絵画、図版のこと。＊アート紙などを用いることによって、＊本文用紙では得られない鮮明な写真や、＊多色印刷を挿入することができる。

区点コード

*JIS 漢字コードを数字で表す。数字は区を表す 2 桁、点を表す 2 桁を並べ、4 桁で表現する。JIS 漢字コードは 2 桁の 16 進数で縦軸と横軸を表現し、順序よく配列している。

組置き　　　　　　　　　　　〔印刷 / 活版〕

*活字・*組版を印刷所で保存しておくこと。印刷が終了した版を再印刷する必要がある場合や、何らかの事情で印刷を後日まわしにする場合、この形をとることがある。現在でも「データ組置き」と言うことがある。

組替え

*組版が*指定と違って組まれてしまった場合や、校正段階で大幅な修正が入った場合に、普通の*差替えでは間に合わず、最初から組み直す（打ち直す）こと。

組み方指定書（組版指定書）

*組版についての全般的な要領をまとめて原稿とともに印刷所に手渡す指示書。記載事項は普通、*版面の大きさ、刷り位置、組み方（*縦組・*横組、*段数）、使用文字、*字詰、行数、*行間、*柱・*ノンブルの位置と大きさ、禁則処理の方法等々である。

組付け　　　　　　　　　　　　　〔印刷〕

印刷機に 1 台分の*版面を取りつけること。*ページ物の場合は折りたたんだ時のページ順や印刷位置、余白に留意し、*多色印刷の場合は刷り重ねが正確に合うよう位置を調節する。

組版　　　　　　　　　　　　　　〔印刷〕

*活版印刷において、版を作る作業（*文選と*植字が含まれる）のこと。または、組み上げた版そのものをいう。さらに、印刷物に文字を組み並べる作業全般をさすこともある。現在は、コンピュータ文字組版に変化している。

組見本（見本組）　　　　　　　　〔印刷〕

書籍の組み体裁を決定するために、*指定を済ませた数ページ分の原稿を印刷所に渡し、実際に組版して試し刷りしたもの。*指定に不適当なところがあれば修正して、最終的に組み方を決定する。

グラデーション（gradation）

"階調" と訳し、写真や絵画などの明るい部分から暗い部分への段階をいう。

グラビア印刷（gravure）　　　　　〔印刷〕

*写真製版法を主とする*凹版印刷の一種。グラビア・*スクリーンを用いて銅板面に微細な腐食穴を作り、これにインキを与えて印刷する。凹部の深浅によってインキの厚みが変り、濃淡を正確に再現できる。現在、出版での使用頻度は減少。

クリーム（クリーム用紙）　　　　〔用紙〕

書籍の本文用紙などに用いられる、淡い黄味を帯びた上質紙。

くるみ表紙　　　　　　　　　　　〔製本〕

*仮製本の表紙の付け方の一つ。綴じた中身を 1 枚の表紙でくるみ、*のどで接着して三方の小口を裁断したもの。雑誌や*ペーパーバックに多く用いられる。

クロス（布クロス、紙クロス）　　〔製本〕

本の背貼りや表紙の装幀に用いる外装用材料。綿布などに塗料を塗った布クロスと、紙をベースにした紙クロスがある。

くわえ（くわえ代）　　　　　　　〔印刷〕

印刷用紙を印刷機にかける際、*くわえ爪が掛かる部分。この部分（普通 9mm ～ 12mm 程度必要）には印刷できない。反対側のくわえ尻は 4mm 程度必要。

くわえ爪　　　　　　　　　　　　〔印刷〕

印刷用紙を印刷機の中で順よく進行させる

ために、各機構に付けられている数本のツメ。タイミング良く開閉して用紙を運ぶ仕組になっている。

クワタ　〔印刷 / 活版〕

*活字 *組版で、主に行末の空間を埋めるために用いられる *込め物。*全角・2倍・3倍などの長さがある。quad（英）またはquadrat（独）がなまった言葉といわれる。

け

軽印刷　〔印刷〕

普通の書籍・雑誌と異なって、比較的手軽に印刷物を作る *製版・印刷方式の総称。タイプ・オフセット、フォトタイプ・オフセット印刷などの他、タイプ孔版、謄写印刷などが含まれる。

計画誌　〔販売〕

月刊誌・週刊誌で、毎月（毎週）必ず一定の日に発売されるよう、*取次会社で進行を協定しているもの。婦人誌、学年誌、趣味誌などがこの扱いとなっている。

罫線（けいせん）

*組版における“線”の総称。*活版では *活字と同じ高さの金属板を切って用いる。*写植では単純な線は手で書くが、複雑なものは1字分のものを連続して印字して作る。

→付録「罫線」（P.84）

継続的刊行物

共通の *題号のもとに、巻号、冊数、年月号などの追い番号をつけて継続的に刊行される出版物を指す。新聞・雑誌などの *定期刊行物の他、年鑑・年報・公報・会報・紀要などが含まれる。

景表法

*独占禁止法の特例として、1962年に公布された「不当景品類及び不当表示防止法」の略称。読者に提供する景品類やくじと、それに関連した広告その他の表示について規則を定めた法律。

刑法175条

猥褻文書・図画等の、頒布・販売・公然陳列を禁止した条文。「猥褻」の概念、範囲などをめぐって、法廷内外で様々な論議が続けられている。

罫下（けした）

本の *版面の下側（*地）の余白を指す。
→付録「本の各部分の名称」（P.78）

化粧裁ち（けしょうだち）　〔製本〕

本の仕上がり寸法に合わせて *天 *地、*小口の三方を裁ち揃えること。仕上げ裁ちともいう。製本形式によって、表紙を付けてから裁つものと、中身だけを裁つものがある。

ゲタ

*活字 *組版で該当する活字がない場合、同じ大きさの他の活字をさかさまに差込み穴埋めしたもの。活字の足が＝のように下駄の歯型に印刷されるところからゲタと呼ばれる。今ではコンピュータのフォントを使うため、＝のかわりに●や■が使われることも多い。

→〈伏字〉（P.54）

ケツ　〔印刷〕

*凸版印刷における印刷故障の一つで、版の空白部分にインキが付いて汚れること。原因は凸版の腐食不足、*むら取りの不十分なこと、印圧が強すぎる場合など多々あ

る。

結合著作物　　　〔著作権〕

個々に制作された複数の著作物の集合体。共同著作物と異なり、それぞれの著作物は独立しており、著作権もそれぞれ別個に存在する。

→〈共同著作権〉(P.17)

欠字（けつじ）　　　〔編集〕

(1)〔印刷/活版〕*母型の欠損や鋳造上の不手際により*字面の一部が欠けている*活字。

(2) 文字コードがないなどの理由で、文章中のあるべき文字が欠落していること。

月販（月賦販売）　　　〔販売〕

→〈割賦販売〉(P.14)

月報

全集・叢書・講座・百科事典など長期にわたって刊行する書籍の各巻に、付録の形で挿入する小冊子類のこと。次回の刊行予定や著者の逸話、研究余話、短い読物などを内容としている。

欠本

全集など揃い物の出版物の一部が欠けている状態。または欠けている巻を指す。

毛抜き合せ　　　〔印刷〕

*多色印刷において、異なった色で刷る図柄や文字をすき間や重複部分がないよう、ぴったりと*見当を合せること。*ベタ刷りの中に色のある文字を入れる場合などが一つの例であるが、文字が小さいと技術的に難しくなる。

ケバ立ち　　　〔印刷〕

用紙の表面の細かい繊維が、摩擦によってケバ立っている現象。印刷の際、版につまって印刷効果を損うことがある。

下版（げはん）　　　〔印刷〕

印刷で、*校正が終了した版を*製版または印刷の工程にまわすこと。*校了にすることを指す場合もある。

ゲラ　　　〔印刷〕

(1) *ゲラ刷りの略称。

(2)〔活版〕galley（英）がなまったもので、*活字組版を収める薄い箱のこと。*植字の際活字を並べる組ゲラと、印刷時まで版を保存しておく置きゲラ等の種類がある。

ゲラ刷り　　　〔編集・印刷〕

*活版印刷における*校正刷りのこと。組版をゲラに収めたまま刷るので、この名称がある。転じて、*写植、*平版などすべての*校正刷りを指す。

ゲラ拝　　　〔宣伝〕

ゲラ刷り拝見の略。広告主が広告原稿の校正を出広先や*広告代理店にまかせず、自ら校正する場合、原稿にゲラ拝と指定する。

検印（検印紙）

書籍の発行に当たって、*著作者（または*著作権者）が*奥付などに押印すること、または押印したラベルを貼付すること。検印数即ち発行部数になるところから、*印税計算の基礎として長年用いられてきたが、発行者との信頼関係の確立によって、最近ではほとんど廃止されている。

原画　　　〔編集〕

絵画*原稿のことで、*口絵、挿絵、表紙のデザイン、*カット類や画集等のもとになる絵。原画の所有権は*著作者本人に帰属するのが原則である。

現金価格　　　〔販売〕

割賦販売法に定められた価格の表示用語。1974年の割販法の改正により、割賦商品

には、現金価格、割賦販売価格、支払期日、支払回数を表示することが義務づけられ、表示用語も統一された。

原稿

複製・公表を目的として＊著作者が制作した＊著作物の原本。文章原稿のみならず、写真や絵画の＊原画、地図など図表類の原図等々が含まれる。

原稿整理　　　　　　　　　　　〔編集〕

原稿を＊組版または＊製版に適するよう整えること。＊指定や＊割付に先立って行うのが普通である。判読しにくい文字の清書、明らかな誤字等の訂正、漢字使用・かなづかい・送りがな等の統一、句読点の整理、＊改行のしかたの整理等々が含まれる。技術的な調整にとどまる場合でも、＊著作者の了解を得て行うべきである。

原稿料　　　　　　　　　　　〔著作権〕

著作権使用料の一種で、稿料ともいう。雑誌の＊寄稿契約などに例が多く、一定額を1回で支払う点で＊印税方式と異なる。

献辞

著者が自分の著書の巻頭に「この書を○○に捧ぐ」などと記した言葉。著者自身が敬愛する人物、その書を刊行するに当って恩義のある人、その他恩師、先輩、父母あるいは故人の霊等を対象とするのが一般的。

原色版　　　　　　　　　　　　〔印刷〕

凸版で刷る＊多色印刷のこと。カラー写真などの＊原稿を＊色分解して分色ネガを作り、＊スクリーンをかけて網ネガから＊三原色版と墨版の網目凸版に＊製版する。＊平版オフセットの多色印刷の発達によって、現在は使われることが無くなっている。

原寸

写真や絵画原稿などを、原稿と同じ寸法で＊製版すること。

限定版

当初から発行部数を確定し（小部数のものが多い）、＊装幀などを特に念入りにして刊行する書籍。1冊ごとに番号を入れる場合もある。

見当（けんとう）　　　　　　　〔印刷〕

両面印刷や＊多色印刷などで、各版が紙に印刷される位置関係をいう。多色印刷では見当が合わない場合、色がずれて印刷されるので厳密な「見当合せ」を行う必要がある。

→〈トンボ〉（P.46）

原版　　　　　　　　　　　　　〔印刷〕

(1)〔印刷 / 活版〕＊活版印刷においては、活字や写真凸版などで構成される＊組版のことで、＊鉛版など複製版に対していう。

(2)＊平版では＊刷版になる以前の元になる版（ネガフィルム、ポジフィルムなど）を指す。

原版刷り　　　　　　　　　　〔印刷 / 活版〕

＊活版印刷で＊原版から直接印刷すること。精度は高いが耐刷力が弱いため部数が少ない場合に用いられる。

原本

翻訳や注釈、改訂などをする場合のもとになる本のこと。

献本

(1)著者献本とも呼び、＊初版または＊重版の際に出版社から著者に何冊かを寄贈すること。その部数については＊印税が支払われないのが普通である。

(2)著者が知人等へ贈呈する本のこと。

校閲

*原稿や*校正刷りを吟味して誤りや不備を正すこと。*校正と異なり、主に内容上の問題点を点検する。外部から専門家を招いて行う場合もある。

郊外店（郊外型書店）　　〔販売〕

主に郊外の幹線道路沿いに立地する大規模な書店。広い駐車場と深夜営業を特色とした。市街地の土地の高騰やマイカーの普及を背景に 1983 年以降急速に増加し、現在は*複合型書店に変容している。

広告代理店　　〔宣伝〕

広告主に代わって広告に関する業務を代行する企業。現在では代行機関にとどまらず、広告計画の立案、市場調査、広告の制作、効果測定等を総合的に行うところが多い。

号数活字

明治初年、ウイリアム・ガンブルの号数活字を参考に本木昌造により考案された和文活字の体系で、鯨尺 1 分角（約 3.79mm）を 5 号とし、大きい方から初号、1 号、2 号…7 号、8 号の 9 種類になっている。
→付録「和文活字の大きさ」（P.79）

校正　　〔編集〕

*組版の誤り、不備、不統一などをなくすため、*原稿と照合して*校正刷りに訂正を加える。文字原稿の校正は、所定の *校正記号を用い、*初校から*再校、三校（場合によって*念校）を経て*校了（または*責了）にいたる。*多色印刷の場合は、

色の調子、バランス等を点検する作業が加わる。

校正記号　　〔編集〕

*校正の指示を簡明に表わすための記号。通常は赤色で記入する。1965 年に JIS 規格で定められ 2007 年に改訂された。
→付録「校正記号表」（P.89）

校正刷り

*ゲラ刷りとも呼ばれ、*校正をするための試し刷りのこと。*活版や*平版等の訂正、点検に用いる。

口銭（こうせん）　　〔販売〕

販売手数料のことで、出版業界では普通*取次会社の手数料を指す。かつては 7 分口銭などと呼ばれ、7% が標準とされていたが、現在では 8% 程度になっている。

公貸権（公共貸出権）

図書館での貸し出しに応じて*著作者や出版社に補償金を支払う制度。欧州等では確立しているが日本ではまだ法制化されていない。

孔版印刷　　〔印刷〕

版に微細な穴を開け、インキを通過させて印刷する方法。謄写印刷、タイプ孔版、シルクスクリーン印刷が代表的なもの。

稿料

→〈原稿料〉（P.21）

校了（校了紙）

*校正が完了し、*製版または印刷にかかれる状態になること。「校了」と記入された*校正刷りを校了紙と呼ぶ。

国際出版連合（IPA）
（International Publishers Association）

1896 年に設立され、各国出版協会で構成される国際団体。出版・流通の自由の擁護、著作権の尊重を目的とし、2 年ごとに大会

を開催。2024 年現在、正会員、準会員を合わせた会員数は 80 か国の 101 団体に上る。日本書籍出版協会は、1958 年に加盟。

小口（こぐち）

本の * 背を除く三方の裁ち口を指す。上方の小口を * 天、下方を * 地、* のどの反対側を前小口または単に小口と呼ぶことが多い。

→付録「本の各部分の名称」（P.78）

小口装飾　　〔製本〕

本の * 小口を金箔や染料で装飾すること。小口の保護と装飾が主な目的で、* 金付け、* マーブル、小口染め等の種類がある。

ゴシック（gothic）

和文 * 書体、欧文書体とも、太さが一様で肉太の書体のこと。

→付録「活字の書体」（P.83）

誤植

印刷物の文字や記号などが誤って印刷されること。* 原稿の不備、* 校正のミスなどによって発生する。

個人情報・個人情報保護法

氏名、生年月日、住所、職業等、個人を特定できる情報。2005 年 4 月に施行された個人情報保護法によって、個人情報取扱事業者の義務等が規定されている。

コート紙　　〔用紙〕

紙の表面に顔料を塗布し、機械で均一に表面処理して光沢をつけた印刷用紙。* アート紙より塗布量が少なく、品質的にやや劣る。

子ども読書活動推進法
（子どもの読書活動の推進に関する法律）

2001 年施行。すべての子どもがあらゆる機会、場所で自主的に読書活動が行えるよう積極的に環境の整備推進をするための法律。4 月 23 日を「* 子ども読書の日」に制定。

子ども読書の日

→付録「年間読書カレンダー」（P.90）

〈サン・ジョルディの日〉（P.25）〈世界本の日〉（P.33）

コーナー販売　　〔販売〕

書店で、ある特定の書籍・雑誌を抽出し、一ヵ所に集めて重点販売すること。

込正味制（こみしょうみせい）　　〔販売〕

→〈運賃込正味制〉（P.10）

小見出し

* 見出しの一種で、記事のなかの最小区分を示す標題。本文に近い大きさの文字を用いるのが普通である。

コミックレンタル

→〈レンタルブック〉（P.66）

込め物　　〔印刷 / 活版〕

* 活字組版において、* 行間、* 字間、余白などを埋めるものを総称する。* クワタ、* インテル、* スペースなどの種類がある。

子持ちケイ

→付録「罫線」（P.84）

五葉伝票（ごようでんぴょう）

* 取次会社が書店に * 委託品を送品する際用いる伝票。* 返品の場合にも使えるように 5 枚複写になっている。

コラム（column）

新聞・雑誌の中で、罫などで囲んだ記事。かこみともいう。

コールドタイプ（cold type）　　〔印刷〕

* 活版の場合は鉛を熱で溶かして鋳造した活字を用いるが、これ以外の * 植字方式（たとえば * 写植）を指して cold type と呼ぶ。

コロタイプ（collotype）　　〔印刷〕

* 平版印刷の一形式。ガラス板に塗布したゼラチンにネガを焼きつけ、水で現像して

濃淡を再現する。網点が無く連続階調に
よって表現されるため、美術品の複製等に
利用される。

在庫（在庫品）

現在または将来、販売の対象となる資産を
指し、商品、仕掛り品、材料の3種類がある。
出版社においては、書店にある * 常備寄託、
* 取次預けの * 出先在庫なども含まれる。

再校　〔編集〕

2度目の校正のことで、* 初校と * 赤字引
合せをした後 * 素読みするのが一般的であ
る。* 赤字が多い場合は三校を要求するが、
雑誌などでは再校で * 責了にする例が多
い。

在庫評価

決算期末に、自社の在庫を製造原価によっ
て算出・計上すること。
→〈評価減〉（P.52）〈単行本在庫調整勘定〉
（P.38）

再生紙

回収した古紙を原料として生産される紙。

再版

既刊の出版物を再び刊行すること。狭義に
は、内容に修正等を加えて * 製版し直した
"第2版"に当たるものをいうが、一般に
は * 重版を含めていうこともある。

再販制度（再販売価格維持制度）　〔販売〕

出版社と * 取次会社、取次会社と書店がそ
れぞれ個々に「再販売価格維持契約」を締
結することによって、出版社が定めた価格

（* 定価）で出版物を販売する制度。* 独占
禁止法（第24条の2）によって認められ
ているが、1980年10月から、再販商品に
は必ず「定価」との表示を用いること、ま
たは出版社が定価を抹消したものは非再販
商品になること（* 時限再販等）の改定が
加えられた。
→〈時限再販〉（P.26）〈部分再販〉（P.55）

索引

1冊または数冊からなる書籍の記載事項に
ついて、適宜項目を抜き出し、読者が検索
しやすいよう五十音順などで配列し、該当
ページを示したもの。件名索引、人名索引、
地名索引、文献索引などがある。

作字　〔印刷〕

（1）標準的な文字コードに含まれていない
　　文字をコンピュータ上で作成するこ
　　と。

（2）〔印刷 / 活版〕* 母型がないような特殊
　　な漢字を用いる場合、2種以上の活字
　　の偏やつくりを削り集めて、必要な活
　　字を作ること。

差替え　〔印刷〕

* 校正の * 赤字に従って、正しくなおすこ
と。

挿込み

書籍・雑誌の中に印刷した別紙を挿入する
こと、または挿入したもの。* 口絵・図表・
地図などのほか、広告用のパンフレット、
私製はがきなどがある。

刷（さつ）（すり）

同一の * 紙型または * 原版から印刷・発行
すること。またはその回数。売行きによっ
ては、初版第1刷、第2刷のように何度も
刷を重ねることがある。
→〈重版〉（P.27）

雑誌コード

市販の雑誌につけられているコード（番号）で、雑誌名（5桁）と月号（月日号）表示からなり、裏表紙に印刷されている。2005年からは、13桁の*JANコードに5桁のアドオンコードを加えた、定期刊行物コードに移行している。

刷版（さっぱん）　　　　〔印刷〕

特に*平版*オフセット印刷で、実際に印刷機にかける版を指す。*フィルムから金属、樹脂版、*PS版などに焼き付けて作られる。

刷了　　　　〔印刷〕

印刷が完了したこと。このあと製本工程を経て出版物となる。

サブ・タイトル（subtitle）

→〈副題〉（P.54）

左右

本の横の寸法、または*版面、写真、図版などの横の寸法を指す。
→〈天地〉（P.44）

さらい　　　　〔印刷 / 活版〕

*鉛版の空白部分が広い場合、地汚れを防ぐために、版を深く彫り取ること。

更紙（ざらがみ、ざら）　　　　〔用紙〕

下級の印刷用紙のことで、雑誌の本文用紙などに用いられる。

三原色

光の三原色（加色混合）と、色料（インキなど）の三原色(減色混合)の2種類があり、後者が*多色印刷に応用されている。即ち、カラー原稿を*色分解してマゼンタ（赤）、シアン（青）、イエロー（黄）の三原色を抜き出し、これをもとに作成した各色版を刷り重ねることによって*原稿の色を再現する。実際には、もとの色をより忠実に表現するために、スミ版を加えた4版で印刷するのが普通である。

参考文献

主に学術書などの中に、その内容と関係の深い他の著作、論文を列記し、読者の便に供するもの。

三尺棚　　　　〔販売〕

書店で使用している書棚が普通3尺幅（約90cm）であるところから、収容できる書籍の数を推計する単位として三尺棚の本数（あるいは段数）を用いることがある。

サン・ジョルディの日

スペイン・カタルーニア地方で毎年4月23日に本とバラの花を男女で贈りあう習慣がある。日本でも1986年からこの習慣を採り入れた。1995年には、ユネスコがこの日を「世界本の日」に制定し、2001年12月には、文部科学省が「子ども読書の日」に制定した。
→付録「年間読書カレンダー」（P.90）
〈子ども読書の日〉（P.23）〈世界本の日〉（P.33）

酸性紙

洋紙（西洋紙）の抄造過程では、従来、サイズ（にじみ止め）を定着するために硫酸バンドを用いるのが主流で、この酸に起因する紙（本）の劣化が問題となった。
→〈中性紙〉（P.39）

三版式　　　　〔印刷〕

印刷における代表的な版式、すなわち*凸版、*平版、*凹版の三つを指す。

三方裁ち　　　　〔製本〕

本の三つの*小口を*化粧裁ちすること。この他に*アンカットや、*天だけを残す裁ち方がある。

三八つ（さんやつ）　　〔宣伝〕

三段八つ割りの略で、代表的な新聞広告の一つ。朝刊第1面の下3段を8等分したスペースのことで、普通は書籍の新刊案内を掲載する。他に三六つ（主に雑誌広告）、五四つ、半五、全五等の種類がある。

仕上げ裁ち　　〔製本〕

→〈化粧裁ち〉（P.19）

字送り

（1）行末の文字を次行の行頭に、または行頭の文字を前行末尾に移すこと。

（2）一行の中で、文字の中の基準点から次の文字の基準点までの長さ。

しおり（スピン）

本の * 天の * 背の部分につけられる細いひものこと。読みかけのページにはさむ等の用途がある。

直刷り（じかずり）　　〔印刷〕

版に紙をじかに押しあてて画像を直接印刷する方法。

字間　　〔編集〕

* 組版における字と字の間隔。* 活字組版では * ベタ、* 全角アキ、*2 分アキ、*4 分アキ、2 倍アキなどのように指定し、* 写植では * 歯送り数で指定する。

式物（式組み）

数式や化学式等を指し、通常の文章原稿より組版の手間と時間を要する。

紙型（しけい）　　〔印刷 / 活版〕

* 凸版印刷において従来使われていた、*鉛版の鋳造に用いられる紙型の雌型。* 活字 * 組版や写真 * 凸版の上に軽く湿らせた紙型用紙を乗せ、加熱押圧して作成する。* 重版を予定している書籍については、この紙型を保存する。

紙型象嵌（しけいぞうがん）　　〔印刷 / 活版〕

→〈切込み象嵌〉（P.17）

時限再販　　〔販売〕

出版社が再販出版物を新刊発売後に非再販に切り替える販売方法。期間・場所を限定して、非再販にする方法も時限再販の一種と解釈されている。

→〈再販制度〉（P.24）〈部分再販〉（P.55）

事故伝　　〔販売〕

事故伝票の略で、何らかの理由で注文品が調達できず、書店に戻される注文伝票のこと。原因は発行所不明、取次不扱い、版元品切れ、記載事項の不備等が多い。

事故品

発注もれ、スリップ紛失、* 期限切れ返品など、取引上の錯誤により発生する事故出版物を指す。

字下げ（字下がり）

* 組版において、* 本文より何字分か下げて組み始めること。段落の冒頭は1字下げが普通であり、見出しも適宜字下げして組むことが多い。

下つき

文字や数字が * 字面（じづら）の下部に片よって付けられているもの。横組みの促音や拗音のかな文字が代表的なものである。

字詰　　〔編集〕

* 組版で1行に入る字数、または1ページに入る字数のこと。

実用書

日常生活に役立つ知識や情報を収載した書

籍全般を指し、いわゆるハウツー物のほか専門書・辞典類の一部も含まれる。

字面（じづら）

文字の形をした部分のことで、字面が収まる枠を「字面枠」（レターフェイス）と呼ぶ。

指定　　〔編集〕

*組版を意図通り正確に作るために、印刷所に対して組み方を具体的に指示すること。全ページ共通のもの、即ち、*判型、*本文の使用文字、*字詰、行数、*行間、*ノンブル、*柱等は*組み方指定書で指示し、本文以外の使用文字、*改行、*改ページ、*改丁、句読点、図表類の位置、*ネーム等はその都度原稿に赤字で指定を書き込む必要がある。

指定配本　　〔販売〕

出版社が*取次に対して、各書店ごとの配本数を支持すること。新刊配本に当って、より確実な売上げを達成する手段として、または売行きが良く、増刷が間に合わない場合などに行われる。

私的使用　　〔著作権〕

他人の*著作物を個人的にまたは家庭内その他これに準ずる限られた範囲で使用すること。その場合使用者は複製が許されている（著作権法第30条）。

辞典・事典

辞典＝言葉テン、事典＝ことテンと呼ばれている通り、辞典は漢和辞典、国語辞典など語や文字を主とし、事典は百科事典など事柄を掲載しているものが多い。

品ぞろえ　　〔販売〕

注文伝票などに基づいて、商品の冊数を取り揃え、出荷できるようにすること。

品出し　　〔販売〕

商品を出荷すること。

自費出版

*著作者が自ら費用を負担して出版すること。著作者が用紙・印刷・製本の手配や編集・校正などの実務を自分で行う場合と、出版社などに一定の金額を支払って委託する場合の2種類がある。

紙粉　　〔印刷〕

紙に付着した粉末状のちり。印刷の際、*版面に詰って印刷故障の原因となることがある。

4分（しぶん）　　〔編集〕

*全角の4分の1の幅を指す。

字母　　〔印刷／活版〕

→〈母型〉（P.58）

写真植字（写植）　　〔印刷〕

印刷用の文字を、写真の手法で画画紙やフィルムに焼付けて*植字する方法。レンズ操作で文字の大きさを自由に変えられるため、*活字組版に比べてスペースを取らず、また*長体、*平体、*斜体など変形文字も簡単に植字できる利点がある。

→〈級数〉（P.16）〈電算写植〉（P.43）

写真製版　　〔印刷〕

写真技術を応用した製版方法全般を指し、写真*凸版、写真*平版、*グラビア版などによって技法の差異がある。

写真版　　〔印刷〕

印刷物に使用された写真またはその版を指す。特に網目凸版を指す場合もある。

斜体

*写植の変形文字の一つ。レンズ操作で右肩上り、左肩上りに印字したもの。

重版（重刷）

同一の版で2刷り、3刷りというように*増刷りを行うこと。

→〈刷り〉（P.32）

集品 〔販売〕

＊取次の担当者が出版社へ出向いて＊注文品を取り寄せること。取り物ともいう。

授業目的公衆送信等管理協会（SARTRAS） 〔著作権〕

2018 年の著作権法 35 条（学校その他の教育機関における複製等）の改正で、リアルタイムで配信される遠隔合同授業以外の、オンデマンド授業や予習・復習用に利用される著作物の公衆送信についても、補償金を支払うことを条件に無許諾で利用可能になったことを受けて設立された団体。著作者・実演家・レコード製作者・放送事業者等の権利を有する者のために、授業目的公衆送信補償金を徴収し、権利者に分配する。

樹脂版 〔印刷〕

亜鉛版などに代わり、凸版印刷の版材に多く用いられている感光性樹脂版。

出校

校正紙を印刷所から出稿者に渡す。また、広告原稿をクライアントに渡すこと。

出稿

発注者から印刷所に指定等が完了した原稿を渡すこと。

出所明示 〔著作権〕

公表された＊著作物を、許容された「自由使用」の範囲内で他に利用する場合（例えば＊引用、教科用図書への掲載、点字による複製等）に、原著作物の題号、著作者名等を明示すること（著作権法 48 条）。

出張校正 〔編集〕

編集者が印刷所に出向いて＊校正を行うこと。週刊誌・月刊誌の場合に多い。

出版契約 〔著作権〕

＊著作物を書籍として出版する際、＊著作権者と出版者との間で結ばれる契約。著作権者は著作物の使用を許諾するとともに、原稿を完全な形で引き渡す義務を負い、出版者は原稿を忠実に複製して出版する義務を負う。著作権法の定めに基づいて著作権者が出版権を設定する「出版権設定契約」が望ましい。

→〈出版権〉（P.28）

出版契約書 〔著作権〕

＊出版契約の内容を文書化したもので、＊印税または＊原稿料をはじめ、必要事項が記入される（書協作成「出版契約書ヒナ型一般用」参照）。

出版権 〔著作権〕

＊著作権の一部としての出版権を指す。ただし、現行著作権法のもとでは、＊著作権者によって設定された、出版者の排他的権利（「設定出版権」という）を指すことが多い（著作権法 80 条 1 項）。この場合、出版権者は著作権法に定められた保護を受けることになる。（書協作成「出版契約書ヒナ型一般用」参照）。

出版者著作権管理機構（JCOPY） 〔著作権〕

出版者からの委託を受け、複製を希望する利用者に、出版者に代わって許諾をする複製権の管理団体。2009 年に一般社団法人化。紙媒体のほか電子化に関する許諾も行っている。

出版社別一本正味 〔販売〕

個別出版社ごとに 1 本に定められている正味体系。1970 年の正味改定の際、＊定価別正味を採用する出版社と、この出版社別一本正味を採る出版社に 2 分された。版元出し正味は、歴史的経過や取引上の力関係によって様々である。

→〈正味〉（P.29）

出版 VAN 〔販売〕

出版業界全体で円滑な商流、迅速な物流をはかるために作られた、出版社と＊取次会社間で在庫情報、受発注情報等を交信するためのコンピュータによるネットワーク。2003 年以降、新出版ネットワークに順次移行している。

巡回販売 〔販売〕

出版物を自動車に積んで、学校、図書館、一般家庭などを巡回して販売すること。

条件付買切り 〔販売〕

出版社が返品等について一定の許容条件を付して、出版物の＊買切りを行うこと。例えば、あるパーセントまでの返品を認めるとか、一定期間内の返品を認めるなどの例がある。

条件払い 〔販売〕

＊委託扱いの書籍の売掛金のうち、委託後1ヵ月目に＊取次会社から支払われる仮払いのこと。6ヵ月後に精算される。

上質紙 〔用紙〕

JIS 規格の印刷用紙 A にあたる上級の紙で、書籍の本文用紙などに用いられる。

上製本（上製） 〔製本〕

＊本製本の一般的な呼称で、＊並製本に対していう。

肖像権
(right of portrait, right of publicity) 〔著作権〕

法律上の規定はないが、判例で認められている権利。人格権として、無断撮影や肖像の公表、利用に対する拒絶権が、財産権として対価を得て肖像を利用させることの決定権（＊パブリシティ権）が認められている。

常備寄託（常備寄託品） 〔販売〕

出版社と書店との合意により、特定の書籍を常に店頭に商品見本として陳列しておくこと。売れたものについては、出版社に注文してすみやかに補充することになっている。税法上は出版社の社外在庫である。

商品化権（merchandising right）

＊著作物の中のキャラクターを商品化、もしくは商品の一部として使用する権利のこと。漫画の主人公を人形にしたり、文具、玩具など子ども用品に使う例が多い。

正味（しょうみ）（掛） 〔販売〕

商品の仕入れ値のこと。出版業界では、＊取次会社が出版社から仕入れる正味（＊入り正味、版元出し正味）と、取次会社から小売書店に販売する卸正味（＊出し正味）の二つがある。前者については、長年にわたる個々取引の積み重ねによって極めて複雑なものであったが、＊出版社別一本正味と＊定価別正味を軸とする新正味制の実施（1970 年）以来、ある程度簡素化されつつある。現在では、版元出し正味は 69 ～ 73% が最も多いといわれ、これに取次の＊口銭（8% 前後）を加えて卸正味が決定される。

常用漢字

一般社会生活上、日常使用する漢字の範囲（2,136 字、2010 年告示）と、その字体・音訓を定めたもの。国語審議会の答申に基づき、＊当用漢字にかわって 1981 年 10 月（当初 1,945 字）から採用されている。当用漢字と比較して、漢字の使用制限的な色彩を弱めたのが特色。

植字（しょくじ、ちょくじ） 〔印刷 / 活版〕

活字や＊込め物を組合せて＊活字組版を作る作業。あらかじめ＊文選された活字を用

い、*原稿の*指定に従って*インテルや*クワタ類を入れ、1ページ分にまとめる。

職務著作 〔著作権〕

法人等の業務に従事するものが職務上作成する著作物で、法人名義で公表されるものは、別段の定めがないかぎり、その法人を著作者とする（著作権法 15 条）。

初校 〔編集〕

印刷物の発注者（出版社など）が行う最初の*校正のこと。

書籍コード

1970 年から実施された日本独自の図書コード（番号）。分類コード、製品コード、出版社コードの三つで構成されている。1981 年に*日本図書コードが採用されたため、これに移行した。

書体（しょたい）

印刷文字（*活字、*写植文字）の形・体裁の呼称。*明朝体、*教科書体、*宋朝体、*正楷書体、*清朝体、行書体、草書体、*ゴシック、*丸ゴシック、*アンチック等々多くの種類がある。

→付録「写真植字の書体」(P.82)「活字の書体」(P.83)

しょたれ（しょたれ本） 〔販売〕

書店で売れ残り、返品不能の本、または汚損して商品価値の下がった本などの俗称。"背負い倒れ"が語源といわれる。

書店 SA 化（ストア・オートメーション）
〔販売〕

POS レジ等の導入で書店業務（レジ業務、受発注、返品）をシステム化し取次等の情報と合わせて販売管理を合理化すること。

書店コード

取次会社が全国の多くの書店を把握するために割り振っている番号で、各取次によっ

て番号は異なる。

書店別一本正味 〔販売〕

書店（主として大型店）に対して、取引先の取次会社が出版物を卸す際、その書店の取扱い出版物の平均的な*正味を一つ決め、すべての商品を（版元出し正味の高低に関りなく）その正味で取引し、合理化をはかる制度。

初版

ある著作物がはじめて印刷発行されたときの版。

序文

*前付の一つで、著者が刊行動機・目的などを記したもの。

四六判（しろくばん）

(1) JIS 規格の原紙寸法の一つで、B 列本判よりやや大きいサイズ。

(2) 規格外の*判型の一つで四六判原紙を 32 裁したサイズ。B6 判よりやや大きく文芸書などに多く使われる。

→付録「判型の一例」(P.77)

白抜き（白抜き文字） 〔印刷〕

印刷面の*ベタの部分や絵画・写真部分に文字などを白く（用紙の色に）抜いて印刷すること。*多色印刷では*毛抜き合せの必要があるため、あまり小さな文字は適さない。

白表紙（しろびょうし）

教科書検定を受けるために、執筆者名、発行所名などを伏せて文部科学省に提出する"原稿本"のこと。

白焼き（しろやき） 〔印刷〕

印刷工程に入る直前の確認用の刷り出し。

新刊（新刊書）

新たに刊行された書籍を指すが、いつまでを新刊書と呼ぶかは、必ずしも一定してい

ない。最近では、毎年約 7 万点以上の新刊
が発行されている。

新刊委託　　〔販売〕

＊新刊書を読者に紹介、販売することを目
的として、一定期間（普通は 6 ヵ月）委託
販売すること。売れ残ったものは返品され
る。
→〈委託〉（P.8）〈委託期間〉（P.8）

新刊配本　　〔販売〕

新刊書を書店に＊配本すること。

新古書店

比較的近年に出版された本を売買する古書
店。従来の古書店に比べ、コミック、文庫
本の大量に発行された書籍が品揃えの中心
で、新刊書店と競合することがある。書籍
に限らず、音楽 CD や映像ソフト、ゲーム
ソフト等も併せて取り扱い、チェーン展開
する大型店が多い。

新出版ネットワーク

2003 年日本出版取次協会は、取次会社と
出版社間の＊EDI サービスを刷新して稼動
させた。多種多様なネットワークからのア
クセスが可能で在庫情報の開示や＊オンラ
イン受発注などの出版流通改善が期待され
ている。2023 年現在取次 7 社、出版社 774
社が利用している。2023 年 6 月に ISDN
回線から IP 回線への切り替えを行った。

新書判

＊B 列本判を 40 裁して得られる本の寸法
で、B40 取り、B40 判とも呼ばれる。岩波
新書（1938 年創刊）をはじめ多くの新書
がこの判型を用いたため「新書判」の名称
が生れた。
→付録「判型の一例」（P.77）

新聞活字

新聞の組版に使用される活字で、記事を多

く収容し、読みやすさにも考慮した扁平体
を用いているが、現在は大きさや、太さ等
さらに読みやすさに考慮した活字に変化し
てきている。

人名用漢字

戸籍法で定められた、＊常用漢字以外で人
名に使用できる漢字。2004 年 9 月に 488
字が追加され、983 字になった。

スキャナ　　〔印刷〕

カラー・スキャナの略。電子的に＊色分解、
＊色修正などを行い、ネガまたはポジフィ
ルムを作る装置。

スクリーン（スクリーン線数）　　〔印刷〕

写真原稿などからネガを撮影する際、濃淡
を再現するために用いる網目の付いたフィ
ルムまたはガラス板。濃淡が＊網点の大小
に分割され、網ネガが得られる。網目の粗
密は 1 インチに何本の黒線があるか（lpi）
で表現されるが、一般に 70 線〜 200 線程
度が多く用いられている。

スタンド販売　　〔販売〕

週刊誌など大量部数発行の雑誌を書店以外
の場所（たとえばタバコ屋、雑貨店）にス
タンドを設け簡便に販売する方法。駅の売
店などもこの範囲に含まれる。

砂目スクリーン　　〔印刷〕

＊スクリーンの一つで、細かい不規則な粒
状になっているもの。広告印刷物や、特殊
な効果を得たい場合に用いる。

スーパー　　　　　　　　　〔用紙〕

スーパー * カレンダーを使って紙に強い光沢を付けること。

スピン

→〈しおり〉（P.26）

スペース　　　　　　　　〔印刷 / 活版〕

* 込め物の一種で、活字組版の * 字間を調整するもの。*2分、*4分、8分などの大きさがある。* 全角以上の大きさのものは * クワタと呼び区別している。

スミ（墨色）　　　　　　　　〔印刷〕

黒色の印刷インキのこと。* 多色印刷でも * 三原色版の他にスミ版を使用する。

素読み　　　　　　　　　　〔編集〕

* 赤字引合せの後、全体を通して * ゲラ刷りを読むこと。* 校正の見落としや、原稿の誤り、疑問点などを発見できることがある。

刷り

（1）印刷すること。またはそのでき具合をいう。

（2）* 刷（さつ）と同義。

刷り色　　　　　　　　　　〔印刷〕

印刷物に使うインキの色。スミ以外の場合は * インキ見本帳で指定する必要がある。

刷置き

印刷した * 刷り本を製本せずに保管しておくこと。

刷出し　　　　　　　　　　〔印刷〕

印刷を開始する時点での印刷見本。刷出しの点検は、印刷所のみならず発注者にとっても、印刷の良否や事故発見の最後のチャンスである。

スリップ（短冊）

書籍の中にはさむ短冊形・二つ折の売上げカードで、出版社への追加注文伝票を兼

ねている。引抜き易くするために丸い山形の切込みがとび出していることから "ぼうず" とも呼ばれている。総額表示のためにスリップを活用している社もある一方、現在ではスリップレスを進める社もある。

→〈注文伝票〉（P.39）

刷り本

印刷が完了し、製本工程に入る直前の印刷物。普通は製本部数よりやや多めに作り、予備とする。

背（角背、丸背）

製本の際に綴じられる部分を指す。形状によって丸背、角背などがあり、表紙のつけ方によって * タイト・バック、* フレキシブル・バック、* ホロー・バックがある。

→付録「本の各部分の名称」（P.78）

正楷書（せいかいしょ）

和文 * 書体の一種で、* 清朝体に似たもの。挨拶状、名刺などに用いられる。

→付録「活字の書体」（P.83）

生協（大学生協、地域生協など）　　〔販売〕

出版物の流通ルートの一つ。* 再販制度の適用除外団体であるため、本の割引販売が可能である。

→付録「主な出版流通経路」（P.76）

正誤表

印刷後に発見された * 誤植等を訂正するために、本に貼付または挿し込まれる表。

精算払い

* 委託期間終了時に出版社と * 取次会社の

間で＊返品を差引いて売掛残高を決済する
こと。

正字

康熙字典にのっとった字体を指し、俗に旧
字とも呼ばれる。当用漢字（1949 年）に
は約 600 字の略字体（例えば、讀→読、圖
→図）が採用され、＊常用漢字（1981 年）
にも踏襲されて一般に普及しているところ
から、あえて正字体を使用する場合はその
旨を指定する必要がある。

正体（せいたい）

＊写植の、＊平体、＊長体、＊斜体など変形
文字に対して、正方形に収まる原形の字体
をいう。特に＊指定しない時は正体で印字
される。

清朝体（せいちょうたい）

毛筆の味を生かした＊書体で、挨拶状など
に用いられる。
→付録「活字の書体」（P.83）

製版　　　　　　　　　　　　　　〔印刷〕

印刷に用いるための版を作る工程を指す。
＊活版、＊平版、＊凹版など製版方式によっ
て工程・技法がそれぞれ異なる。

製本

印刷された用紙を綴じ合せ、表紙を付けて
1 冊の本（または事務用品等）にまとめる
こと。大きく分ければ洋式製本と日本古来
の＊和綴じに二分され、洋式製本では＊本
製本と＊仮製本の違いや、＊背の種類、あ
るいは表紙の付け方などによって様々な方
式がある。
→〈フレキシブル・バック〉（P.55）〈ホ
ロー・バック〉（P.58）〈タイト・バック〉
（P.36）〈諸製本（もろせいほん）〉（P.63）

世界雑誌連合（FIPP）
（International Federation of the Periodical Press）

雑誌等の＊定期刊行物を発行する各国の
協会及び出版社で組織する国際組織。出
版・流通・広告の自由、＊知的所有権の尊
重、環境問題への配慮を標榜。2007 年現在、
57 ヵ国 280 の出版社・団体等で構成。本
部はロンドン。

世界知的所有権機関（WIPO）
（World Intellectual Property Organisation）
〔著作権〕

国連の専門機関のひとつで、＊知的所有権
の世界的保護の促進を目的とする。ベルヌ
著作権同盟、レコード保護条約、パリ工業
著作権同盟等の事務局を担当する。本部は
ジュネーブ。

世界本の日

→付録「年間読書カレンダー」（P.90）
〈子ども読書の日〉（P.23）〈サン・ジョル
デイの日〉（P.25）

背がため　　　　　　　　　　　　〔製本〕

＊本製本で、表紙を付ける前の工程。中身
の＊背の部分に、紙や＊寒冷紗を貼り重ね、
本の形が崩れないようにすること。＊花ぎ
れや＊しおりもこの段階で付ける。

責任販売制　　　　　　　　　　　〔販売〕

＊返品減少を目的として書協など出版社側
が公表した流通改革案（1974 年）。＊買切
り制や書店の申込み制等に重点を置いてい
る。その後、様々な提案や試みがなされて
いる。

石版印刷　　　　　　　　　　　　〔印刷〕

現在の＊平版印刷の出発点となった印刷方
式で、石版石（石灰岩の一種）の表面に脂
肪性のインキで文字や絵を描き、水と脂肪

の反発を応用して印刷する。現在では芸術作品などに用いられる程度である。

責了（責任校了）、責了紙

訂正すべき＊赤字がごくわずかになった場合や印刷時期が切迫している場合などに、印刷所の責任で訂正場所を＊差替え、＊校了にすること。この場合の最終＊ゲラを責了紙と呼ぶ。

背丁（せちょう）　　　　　〔製本〕

製本過程で、＊丁合いの便宜のために、＊折丁の背の部分に刷りこまれる文字。普通は書名と折丁の順番を示す数字を入れる。

→〈背標〉（P.34）

セット（セットもの、セット販売）

数冊の書籍をとりまとめ、販売上1単位として取扱うこと。

絶版

今まで出されていた書籍の発行を終了すること。出版契約期間の満了や該当書籍の売行きが今後まったく見込めない場合などに絶版にする。

背標（せひょう）　　　　　〔製本〕

＊折丁の＊背の部分に印刷した目印。正しく＊丁合いした場合に階段状に規則正しく並ぶように印刷してあるため、＊落丁、＊乱丁、＊取込みなどをすぐ発見できる。

背文字

本の＊背につけられる文字。書名・著者名・発行所名などを入れるのが普通である。

せり市　　　　　　　　　　〔販売〕

→〈市会〉（P.8）

セリフ（serif）

欧文書体で、文字の端に付くひげ飾り、あるいはそれがついた書体のこと。代表的なものとしては、Century、Times New Roman等。セリフがつかないものはサンセリフ（sans-serif）と呼ばれ、Helvetica、Futura等がある。

全角　　　　　　　　　　　〔編集〕

使用している＊活字（または＊写植文字）と等しい大きさを指す。＊組版の＊割付に当っては、全角の何倍か（あるいは何分の1か）をスペースの単位に用いることが多い。

全国紙

全国を対象に発行される新聞。

→〈地方紙〉（P.39）

全紙（全判）　　　　　　　〔用紙〕

印刷用紙で、裁断する以前の寸法のもの。規格としては、＊A列本判、＊B列本判、＊四六判、＊菊判など様々なサイズがある。

戦時加算　　　　　　　　　〔著作権〕

＊ベルヌ条約の加盟国であって、第2次世界大戦の連合国側で、日本との平和条約に調印した国と日本との特別な定め。連合国民の著作物について、通常の著作権保護期間に加算して、約10年の保護期間を加えること。

センチュリー（century）

→付録「活字の書体」（P.83）

選定図書

図書館で図書選択の目安とするため団体等が図書を選定し推薦図書として公表するもの。全国学校図書館協議会では学校図書館向けに全国SLA選定図書リストを作成し、随時発表している。日本図書館協会も1949年から選定図書事業を行っていたが、2016年3月に終了した。

そ

総額表示

商品等の価格を表示する場合には、消費税を含んだ支払総額を表示すること。2004年4月から義務付けられた。2013年施行の消費税転嫁対策特別措置法で特例として総額表示の義務は免除となっていたが、21年3月末で特例が終了し、現在は義務づけられている（＊スリップへの表示等、書協ではガイドラインを公表している）。

創刊

雑誌など＊定期刊行物の発行を開始すること。

増刊

雑誌など＊定期刊行物で、定期もの（本誌）以外に臨時に発行するもの。一般に、特集記事などを掲載する例が多い。

象嵌（ぞうがん）　　〔印刷／活版〕

＊鉛版の＊誤植箇所などを訂正するために、該当箇所を切り抜き、別の活字や小さな鉛版をはめ込むこと。1字を訂正する一本象嵌（文字象嵌）と、＊切込み象嵌の2種類がある。

→〈鉛版校正〉（P.11）

早期返品　　〔販売〕

＊委託品が、書店で十分に展示陳列されず、＊委託期間終了以前に返品されること。

増刷（ぞうさつ、ましずり）

当初発行した部数で足りなくなった場合、同じ版で再度発行すること。

→〈刷り〉（P.32）

双柱ケイ

→付録「罫線」（P.84）

宋朝体

和文＊書体の一種。縦線と横線の太さがほぼ等しく、やや右肩上りであることが特徴。

→付録「活字の書体」（P.83）

総付景品（そうづけけいひん）

懸賞の方法によらず、購入者や来店者全員に提供したり、先着順に提供する景品のこと。出版業における総付景品の限度は、年2回90日以内で、200円又は取引価額の2%のいずれか高い価額の範囲。

装幀

書籍の＊外箱・＊カバー・表紙・＊見返しや＊扉などのデザインを決め、1冊の本に仕上げること。単に美的な要求を満たすだけでなく、製本方法・材料も吟味して、読みやすく耐久性のあるものにする必要がある。装丁、装釘などとも表記される。

→〈造本〉（P.35）

総ページ数

書籍の場合は本文の他、＊扉・＊序文・＊目次・＊索引・＊参考文献・＊あとがきなどを合算したページ数を指し、広告や＊奥付、表紙は除外するのが普通である。

造本

本の製作に関する技術面全般を指す。用紙など資材の選定や、印刷・製本方法の選択等々が含まれ、美的要素と機能面を兼ねそなえたものが要求される。

→〈装幀〉（P.35）

添え本　　〔販売〕

＊取次会社が出版社から＊委託品を仕入れる際、仕入部数の他に何部かを見本用として無償で搬入させること。

即売会ルート　　〔販売〕

主として週刊誌等を、専門の卸業者（即売会）が直接仕入れ、キヨスクなど駅売店で販売するルート。2018 年に鉄道弘済会が撤退、トーハンが引き継いだ。

→付録「主な出版流通経路」（P.76）

ゾッキ本

出版社が主に金融対策のために、正規の販売ルート以外の方法で、特別に安い価格で処分する本の俗称。

袖

書籍の場合、主として＊カバーを内側に折りこんだ部分。雑誌の場合は、特定のページの＊小口を伸ばして折りこんだ部分をいい、＊目次や広告のページによく使われる。

外箱

→〈箱〉（P.50）

ソフト・カバー（soft cover）

表紙の種類で、芯に薄い紙を用いたもの。

台（台数）　　〔印刷〕

印刷の際、一度に機械に組付ける＊版面数（ページ数）を単位として「台」と呼び、例えば 1 台 16 ページの場合は総ページ数を 16 で割った数が台数となる（端数も 1 台に数える）。

→〈台割〉（P.37）

第一発行年　　〔著作権〕

＊初版発行の年度を指す。特定の著作物の保護期間（保護期間の起算を公表時としている団体著作物など）や、＊ⓒ表示に関連

して意味を持つ。

代金引換（代引）

（1）郵便物や貨物の取扱いの一種。郵便局や宅配便業者が差出人の指定する代金と引換えに郵便物等を名宛人に渡し、代金を差出人に送る制度。

（2）取次会社が＊帳合いのない出版社から＊集品をする場合、現金と交換に商品を持ち帰ること。

題号

→〈標題〉（P.53）

第三種郵便物

月 1 回以上発行する＊定期刊行物のうち、郵便事業株式会社の承認を受けて、第一種（封書）より割引料金で郵送できるもの。

台紙　　〔編集〕

＊平版印刷や＊グラビア印刷で、写真や絵画、文字など何種類かの原稿を組み合せて製版する場合に用いる設計図様の紙。これに原寸大の＊版下などを貼込む。

タイト・バック（tight back）　　〔製本〕

＊本製本の＊背のつくり方の一種で、中身の背に厚紙を貼り、表紙の背と密着させたもの。丈夫であるが開き具合が悪く、現在ではあまり用いられていない。

→〈フレキシブル・バック〉（P.55）〈ホロー・バック〉（P.58）

タイトル（title）

→〈標題〉（P.53）

タイプオフ印刷　　〔印刷〕

＊軽印刷の一種。特殊な和文タイプライターで印字して＊製版し、＊オフセット印刷する。製版には何通りかの方法がある。

タイプフェース（typeface）　　〔印刷〕

活字の書体。文字フォント。

貸与権　　　　　　　　　　　〔著作権〕

著作物の複製物を公衆に貸与して提供する権利。書籍・雑誌については、長い間、例外的に権利が及ばないこととされていたが、レンタルブック店の出現を受けて、2004 年の法改正で権利が及ぶようになった。

ダイレクト印刷　　　　　　　　〔印刷〕

フィルム製版を省略し、版下をそのまま製版カメラで撮影し、刷版を作り印刷する方式。

台割（だいわり）　　　　　　　〔編集〕

印刷機に一度に掛けるページ数を 1 台と呼ぶが、全体のページ数を台ごと（例えば 16 ページごと）に区分、整理すること。一覧表にしたものを「台割表」と呼び、*校了、*下版、印刷等の工程はすべて 1 台単位で進行される。

→〈台〉（P.36）

ダウンロード（download）　　〔コン〕

インターネット上のサーバーやクラウドからデータを引き出したり、蓄積された情報を端末側（クライアント）に読みだすこと。

宅配ルート　　　　　　　　　　〔販売〕

取次会社や有力書店が宅配便業者と提携して、読者に注文図書を届けるシステム。読者にとって、手数料はかかるが入手までの日数が短縮される利点がある。1986 年秋から、様々な形態をとりながら急速に拡がり、現在はインターネットでの注文も含め利用者は非常に多い。

出し広（出し広告）　　　　　　〔宣伝〕

自社の商品を宣伝するために、他の広告媒体（新聞・雑誌その他）に出す広告のこと。

→〈入り広〉（P.8）

出し正味（版元出し、取次出し）　〔販売〕

→〈正味〉（P.29）

多色印刷　　　　　　　　　　　〔印刷〕

*版式や*製版方法を問わず、多くの色を刷り重ねて原稿の色を再現すること。4 色（青、赤、黄、墨）の版を用いることが多い。

多色機　　　　　　　　　　　　〔印刷〕

1 台で 2 色以上の多色印刷を行う印刷機の総称。その多くは輪転機である。

裁ち落し　　　　　　　　　　　〔製本〕

製本工程で、*化粧裁ちの際裁ち落される部分の寸法、または裁ち屑のこと。

裁ち切り

写真や絵などをページの*小口あるいは*天地いっぱいに印刷すること。*製版に当っては、*折りや断裁のずれを見込んで、仕上り寸法より 3 ～ 5mm 大きくする必要がある。

裁ち代　　　　　　　　　　　　〔製本〕

書籍・雑誌を製本する際、*化粧裁ちによって裁ち落される部分。

脱稿

*著作物を書きあげる（完成する）こと。

縦組

縦に組版すること。文芸書や一般書ではこの組み方が多い

→〈横組〉（P.64）

縦目　　　　　　　　　　　　　〔用紙〕

→〈用紙の目〉（P.64）

棚

書店での陳列用書棚を指す。

→〈三尺棚〉（P.25）

棚卸（たなおろし）

決算や在庫品整理のために、手持ちの商品や仕掛品等の数量を調査して、価格を評価すること。

→〈評価減〉(P.52)〈単行本在庫調整勘定〉
(P.38)

棚構成

書店における、書籍と雑誌の比率や、出版
部門別などの棚の構成の仕方を指す。

棚さし

書店の*棚に、本の*背が見えるように立
てて陳列すること。*平積みに対する言葉。

棚ぞろえ

書店で、出版物の部門、客層などを考慮し
棚を整理してそろえること。

棚見出し

本の部門別分類などを記入した表示板で、
書店の棚や壁面にとり付けるもの。

ダブリ配本　　　　　　　　　　〔販売〕

*取次会社から書店に*見はからい送本す
る際、その書店が 2 社以上の取次会社と取
引がある場合に、重複して配本されること。
時として返品増の原因になる。

段（段組）　　　　　　　　　　〔編集〕

*版面を二つ以上に区分して組む場合の 1
区分のこと。縦組では横に、横組では縦に
区分することになる。
→〈通し組〉(P.44)

段階正味　　　　　　　　　　　〔販売〕

出版社が取次会社に商品を販売（*委託）
する場合、商品別や定価別に*正味に差を
つけること。
→〈定価正味〉(P.42)

単行本

単独に 1 冊で刊行される書籍を指し、全集、
叢書、文庫、新書、辞・事典、辞書、図鑑
以外のもの。

単行本在庫調整勘定

出版後一定期間（決算期前 6 ヵ月）を経過
した書籍は、その商品特性から売れ残り在

庫について、売上比率により在庫の評価減
が認められている。（書協発行「出版税務
会計の要点」参照）。

断裁

出版社が、返品された書籍・雑誌などのう
ち、商品として販売するめどの立たないも
のを断裁処分すること。

短冊（たんざく）　　　　　　　〔販売〕

→〈注文伝票〉(P.39)〈スリップ〉(P.32)

単品管理　　　　　　　　　　　〔販売〕

個々の出版物毎に、在庫、売上げ、*返品
などの状況を把握し、数量管理をすること。

ち

地

本の背以外の三方の*小口のうち下の部
分、または*版面の下部の余白（*罫下）。
→付録「本の各部分の名称」(P.78)
〈天地〉(P.44)

帙（ちつ）

主として和書を保存するために、数冊分ま
とめて収容できるように作られたカバー。

チップ・ボール　　　　　　　　〔用紙〕

古紙を原料にした下級な板紙。*箱や紙筒
等の材料として使われる。

知的財産権　　　　　　　　　　〔著作権〕

→〈知的所有権〉(P.38)

知的所有権　　　　　　　　　　〔著作権〕

著作権、特許権等、人の知的な創造の成果
に対して認められる権利の総称。近年は、
知的財産権といわれることが多くなってい
る。

地方運賃

→〈地方正味格差撤廃負担金〉（P.39）

地方紙

特定の地方を対象に発行される新聞。＊全国紙に対する言葉。

地方正味格差撤廃負担金　〔販売〕

地方書店の運賃・荷造り費などの負担格差をなくす趣旨で、1974 年 9 月から実施された制度。形の上では、取次から出版社に支払われる金額の 0.4% 相当額が控除されている（結果的に＊正味の引下げとなった）。

注（頭注、脚注、傍注、割注、後注）

＊本文に出てくる言葉や人名・地名・事柄、出典などを説明する必要がある場合に、本文と別につけ加える文章。普通、本文より小さな文字を用いる。挿入する位置によって、＊版面の上部に入れる頭注、下部に入れる脚注、本文頁の＊小口寄りの欄外に組まれた傍注、2 行に割って本文に入れる割注、巻末にまとめる後注などの種類がある。

中質紙　〔用紙〕

JIS 規格の印刷用紙 B に属し、＊上質紙に比べて白色度が落ちる。教科書や雑誌の本文用紙に多く用いられる。

中性紙　〔用紙〕

中性または弱アルカリ性の添加剤を用いた用紙。1970 年代から酸性紙の劣化が問題となったため 80 年代に中性紙が普及、現在では中性紙が書籍に用いられている。

→〈酸性紙〉（P.25）

注文（注文扱い）　〔販売〕

書店が顧客の注文（＊客注）や自店の販売見込みに基づいて、出版社に発注して商品を取り寄せること。注文品については＊買切りが原則である。

注文伝票　〔販売〕

出版物の発注に用いられていたタテ二つ折りで 13cm、ヨコ 4.5cm 程度の細長い伝票で、その形状から＊短冊とも呼ばれる。書名、発行所名、＊定価、発注書店その他必要事項を記入できるようになっている。＊取次会社が作成した帳面綴じのものを切って使うことが多いが、出版社が書籍に挿入した＊スリップの片面の注文伝票を利用する場合もある。かつて売上の管理や補充注文用の伝票として使われていたが、近年 POS 管理が主流となり、その役割はなくなってきている。

→〈スリップ〉（P.32）〈短冊〉（P.38）

丁（ちょう）

出版物の中身を構成している 1 枚 1 枚の紙を指し、通常の洋装本では 2 ページで 1 丁になる。

→〈改丁〉（P.13）

丁合い　〔製本〕

製本工程の一つで、＊折丁を 1 冊の本になるように順番に集めて揃えること。手作業による手丁合いに比べて、自動丁合い機で行う機械丁合いが大半を占める。

→〈落丁〉（P.65）〈乱丁〉（P.65）〈取込み〉（P.46）

帳合い　〔販売〕

特定の書店と取次会社の間に取引口座が設けられ、経常的な取引が行われている状態を指して"帳合いがある"という。取次会社・出版社間でも同様である。

超過運賃

出版物の運賃は＊運賃込正味制で行われているが、重量が極端に重く、定価が低い雑誌については、例外として「超過運賃」を出版社が負担している。

長期委託 〔販売〕

*委託販売制度の 一形態。出版社が 一定期間を定めて（6ヵ月間が多い）、書店に商品を委託し、期間内に売れたものの代金を受取り、残りを返品してもらうシステム。*常備寄託と異なって、売れたものを書店が補充する義務はない。

長体

*写植において、字の左右をレンズ操作で縮小して印字したもの。1番から4番まであり、10%ずつ細長くなる。
→〈平体〉(P.56)

植字（ちょくじ） 〔印刷〕

→〈植字（しょくじ）〉(P.29)

直販（ちょくはん） 〔販売〕

*取次など流通業者を通さず、読者に直接販売すること。
→付録「主な出版流通経路」(P.76)

著作権 〔著作権〕

*著作権法に定められた *著作者の財産的権利。その内容は①複製権、②上演権・演奏権、③放送権・有線放送権、④口述権、⑤展示権、⑥上映権・頒布権、⑦*翻訳権・翻案権、⑧*二次的著作物の利用権などを著作者が専有することを規定している（著作権法21条〜28条）。従って、他人がみだりに著作物を複製などした場合は、自由使用が許された特定の場合を除き、著作権侵害になる。
→〈出版権〉(P.28)

著作権者 〔著作権〕

財産権である *著作権を現に所有している者を指す。*著作物の創作時点では著作者即ち著作権者であるが、著作権は譲渡することができるため、必ずしも同一人とは限らない。著作者死亡の場合も同様であり、

その場合遺族に相続されることが多い。

著作権使用料 〔著作権〕

著作物の使用の対価として、著作権者に支払われる金銭。*印税、*原稿料などが含まれる。

著作権等管理事業者 〔著作権〕

著作権等管理事業法に基づき、文化庁長官に対して登録を行い、著作権等の管理事業を行う者。出版物の複製の分野では、*日本複製権センター（JRRC）、出版者著作権管理機構（JCOPY）、学術著作権協会等がある。音楽の分野の *日本音楽著作権協会、文芸の分野の日本文藝家協会等も管理事業者である。公衆送信について、*授業目的公衆送信補償金等管理協会（SARTRAS）、*図書館等公衆送信補償金管理協会（SARLIB）などがある。

著作権法 〔著作権〕

*著作者の権利を定め、これを保護するための法律。現行法は1970年に全面改正されたもので（1971年1月施行）、*著作物と *著作者の定義、権利の内容、権利の制限、保護期間、譲渡・登録、*出版権、著作隣接権、著作権侵害の罰則などを定めている。

著作者（著者） 〔著作権〕

*著作物を創作する者を指す（著作権法2条1項2号）。著作者は本来的には *著作権者であり、同時に *著作者人格権も認められる。ペンネーム（変名）等を用いた場合も同様である（法14条）。

著作者人格権 〔著作権〕

*著作者が創作と同時に享有する人格的な権利著作権（著作権法18条〜20条）。その内容は、著作物を公表する権利、氏名を表示する（または表示しない）権利、著作

物の内容・題号の同一性を保持する権利、の三つからなる。

著作物 〔著作権〕
＊著作権法によって「思想又は感情を創作的に表現したものであつて、文芸、学術、美術又は音楽の範囲に属するもの」と規定されている（法2条1項1号）。従って、事実の報道にすぎない雑報や時事報道はこの範囲から除外される。なお、憲法、法律、告示等や、裁判所の判決などは、保護の対象にならない（法13条）。

著作隣接権 〔著作権〕
＊著作権に近い権利という意味で、例えば、＊著作物を実演する者、レコード製作者、放送事業者などに認められている権利。

著者校正 〔編集〕
＊著作者が自ら＊校正を行うこと。普通は＊初校が終了した段階で出版社から著者に＊校正刷りを回し、著者から戻されたものを再整理した上で印刷所に返す手順をとる。

チリ
＊本製本の書籍で、表紙が中身より一回り大きく、はみ出している部分を指す。
→付録「本の各部分の名称」（P.78）

追加常備 〔販売〕
＊常備寄託品は通常年1回、一定時期に送付されるが、書店の新規開店などにより、この時期に関係なく新たに送られる常備品のこと。

追録
(1) ＊本文の後に付けられる文章で、本文を補足するためのもの。別冊にする場合もある。
(2) ＊加除式出版物で、内容の変更部分を差替えるために追加発行する出版物。台本（元本）に対していう。

通信販売（通販） 〔販売〕
書籍・雑誌の流通ルートの一つで、新聞広告やダイレクト・メールで注文を取り、読者に直接送品する販売方式。形式的には＊直販と同じである。

束（つか）
(1) 表紙を除いた本の中身の厚さ。
→〈束見本〉（P.41）
(2) 用紙の厚さ。同じ重さの紙でも、質によって束の出るものと出ないものがある。

束見本（つかみほん）
書籍の＊造本に当って、＊束がどの位になるか確めるために、あらかじめ製本所に作らせる見本のこと。出版社ではこれに基づいて表紙・＊カバーや＊外箱の設計を行う。従って、実際に印刷するのと同じ本文用紙を使い、＊見返し、＊扉、＊別丁類も実際のものと同様に仕立てる必要がある。

つきもの（前付、後付） 〔編集〕
書籍・雑誌に綴じ込まれる（または挿し込まれる）本文以外の印刷物すべてを指す。＊前付の主なものは、＊扉、＊口絵、＊序文、＊凡例、＊目次などで、＊後付には＊あとがき、＊奥付などがある。＊スリップや＊カバー、＊帯紙などもつきものの一つとされる。

角書（つのがき）
書名の冒頭を2行に分けて表示したもの。

例えば《和英対照化学辞典》など。

坪（つぼ）　　〔印刷〕

*写真版などを*製版する場合の面積の単位で 1 ㎠ を 1 坪とする。

坪量（つぼりょう）　　〔用紙〕

紙の重さの単位で、面積 1 ㎡ あたりの重量をグラムで表示したもの。

詰め打ち

主として*写植の場合に、文字と文字との間隔を*ベタ組より詰めて打つこと。

定価

特定の商品について、メーカーによって定められた最終小売価格。出版物については、1980 年 10 月からいわゆる新*再販制度が施行され、出版社が再販価格を維持したい商品には、「定価」との表示を用いることが要件となった。

→〈本体価格〉(P.59)

定価別正味　　〔販売〕

書籍の定価によって段階別に定められている*正味。1970 年の正味改定の際*出版社別一本正味とこの定価別正味の 2 種類に大別された。1974 年の書協、取協、日書連覚書の版元出し正味は、本体価格 780 円未満 69.0%、同 1,700 円未満 70.0%、同 4,200 円未満 71.0%、同 4,200 円以上 73.0%（現在は事業者間での価格交渉は禁止）。

定期改正　　〔販売〕

雑誌の*適正配本を行うために、*取次会社から書店への送品部数を増減すること。

定期刊行物

同一の*標題のもとに、日付または一連番号（巻、号）を付して定期的に継続して発行される出版物。新聞・雑誌などが代表的なもの。

→〈継続的刊行物〉(P.19)

定期刊行物コード

→〈雑誌コード〉(P.25)

デイジー（DAISY）

視覚障害者、識字障害者（ディスクレシア）等のための録音図書の国際標準規格。音声デイジーは音声に加えて目次・見出しが付加されたもの。マルチメディアデイジーは音声とともにテキスト・画像が表示され、パソコンやスマートフォン上で利用できる。マルチメディアデイジー教科書など、教育支援の方策としても活用されている。

訂正原本

*重版や*改訂版を発行する時に役立てるため、*誤植や内容の訂正を一括して書き入れた本。

テキストファイル（text file）

文字データだけのファイル。異なるパソコン間での互換性も高い。

適正配本

*委託品を取次会社から書店に*見はからい送本する場合、その書店での需要に合致した部数を算定し、送付すること。

出先在庫

出版社が*取次会社と契約を結び、自社の出版物を取次会社の倉庫に常時預けておくこと。商品は出版社の在庫扱いとなる。

デジタルコミック

インターネットを使って配信され、パソコンや携帯電話で読むことができるコミック。

デジタル送稿

作業が完了した完全データをインターネットなどの通信回線を使って印刷所に送ること。

デジタル万引き

携帯電話のカメラで、書店店頭の雑誌や書籍の必要情報だけを写し取る行為。

デスクトップパブリッシング　〔コン〕

→〈DTP〉(P.69)

データ配本　〔販売〕

*取次会社が*新刊委託などの際、出版物の種類や部数、および配本先である各書店の規模、地域などを総合的に勘案し、予め定めてある方式にあてはめて配本すること。大手取次会社の一つであるトーハンがこの呼称を用い、日販では"*パターン配本"と呼ぶ。

データベース

論文、数値等の情報を電子計算機で検索できるように体系的に構成したもの。その情報の選択または配列に創作性を有するものは*著作権の保護を受ける。

天

本の背以外の三方の*小口のうち上の部分、または*版面の上部の余白を指す。
→付録「本の各部分の名称」(P.78)
〈天地〉(P.44)

天金(てんきん)

本の*天に金箔を貼りつけること。上部にほこりがたまって汚れるのを防ぐのが当初の目的であった。これに対し、三つの小口全部に貼ったものを「三方金」と呼ぶ。

転載　〔著作権〕

書籍、雑誌、新聞等に掲載された*著作物の全部または一部を、そのまま他の印刷物に掲載すること。*著作権者の許諾が必要

になるが、「*引用」等、自由利用が認められる場合が、著作権法に定められている。

電算写植

コンピュータを用いた*写植。大量のデータを短時間で記憶し、配列し、ページ組みすることが可能となった。また、データが蓄積されるため、*改訂作業が容易という利点があり、*軽印刷の領域まで広く普及していた。2000年代以降、DTPへの移行が進み、現在はほぼ使われていない。

電子ジャーナル

電子化されてオンラインで配信される学術専門雑誌のこと。欧米では、学会系、商業出版社系を問わず、多くの学術雑誌が電子ジャーナルとして提供されている。

電子出版(electronic publishing)

(1) 電子メディアで大量情報伝達をすること。*CD-ROM、DVD-ROM等のパッケージ系と、*インターネットを利用した通信系に大別される。
(2) 電子技術により出版物を製作すること。*DTPや電子組版システム、*CTS等がある。

電子商取引(eコマース)

インターネット等のネットワーク上で、商品の売買、契約締結、資金決済等を行うこと。企業間で行う取引(B to B)や、企業対消費者(B to C)、消費者間取引(C to C)等の形態がある。

電子書籍

電子媒体で、書籍コンテンツを提供する商品の総称。印刷媒体で発行された書籍の内容をデータ化し、パソコン、専用携帯端末、携帯電話等で閲覧できるようにしているものが多いが、どの範囲までを「電子書籍」と呼ぶかについては定義が難しい。

電子書籍コンソーシアム

電子化した書籍を通信衛星で複数地点に配信し、書店店頭やコンビニエンスストア等の「情報キヨスク」で受信し、読書専用携帯端末で読むという「ブックオンディマンド」事業の推進を目的として設立された。通産省（現・経済産業省）の助成で、総合実証実験が 1998 年秋から開始され、2001 年 1 月で終了した。

電子図書館

所蔵資料及び資料に関する情報を電子配信したり、電子図書館用に出版社から提供された出版物を配信する図書館やそのサービスを行うこと。国立国会図書館、公共図書館、大学図書館等で電子図書館サービスが導入されている。

電子ブック（**electronic book**）　〔コン〕

8cm の *CD-ROM に文字情報を記録した電子出版物の規格のひとつ。専用のプレイヤーにかけて使うが、既に生産は中止されている。

電子ペーパー

紙に近い形状を持つ電子的表示媒体。書き換え時のみ微量の電力を消費するが表示中は消費電力がない、視野角が広く見やすい、曲げても品質を損なわずに表示できる等の特徴を持っている。

点数

部数、冊数と異なり、同一の本を 1 と数える。発行点数、在庫点数などと用いる。

天地

出版物の縦の寸法、または *版面、図版などの縦の寸法をいう。
→〈左右〉(P.25)

店頭在庫

書店が在庫として抱えている総ての書籍・雑誌を指す。書店在庫ともいう。

天とじ　〔製本〕

*天の部分を綴じて製本したもの。伝票類などによく用いられる。

天のり　〔製本〕

*天の部分に軽く糊付けして製本したもの。原稿用紙や便箋などに使われる。

店売（てんばい）　〔販売〕

(1)　*取次会社が自社内の所定の場所（店売所という）で、在庫品を直接書店に販売すること。書店が注文品を急いで仕入れたい場合などに、この店売所が利用される。

(2)　店頭販売の略で書店が店舗で販売すること。

電話注文（電注）　〔販売〕

書店や取次会社が出版社に電話で発注すること。電話注文用の *短冊に出版社が起票し、注文品にはさんで *集品係に渡すのが普通である。

と

通し組

*版面の端から端までを 1 行に通して組むこと。*判型が大きく文字が小さい場合は、*字詰が多くなって読みにくいため、比較的小さな判型のものに用いられる。
→〈段〉(P.38)

通し単価　〔印刷〕

印刷代の計算方式のひとつで、主に *オフセットや *グラビア印刷に用いられる。1 色を印刷することを 1 通しと呼び（4 色印

刷では4通し）、これの単価を定めて計算する。即ち、印刷代＝印刷枚数×色数×通し単価となる。

トゥルータイプ（True Type）　〔コン〕

基本ソフトで＊アウトライン・フォントのひとつ。どんなアプリケーション・ソフト上でも利用できる。

東京国際ブックフェア
（Tokyo International Book Fair）

1984年に国内の読者を対象に「日本の本展」として開始し、以降隔年に開催。1992年からは業界7団体主催の国際ブックフェアになった。1994年からは毎年開催し、版権取引、読書推進・読書謝恩、書店の直接仕入れ等を主要な柱としている。2017年以来開催を休止している。

読者カード

出版社が書籍・雑誌にはさみこむアンケートはがき。読者の感想や意見を求めて、今後の企画の参考としたり、ダイレクト・メールの対象として役立てられる。

特色

C（青）M（赤）Y（黄）K（黒）に分解できない特別の色のインキのこと。
→〈三原色〉（P.25）

読書週間

→付録「年間読書カレンダー」（P.90）

読書バリアフリー

障害の有無にかかわらず全ての人々が等しく読書をするための環境を整備すること。2019年の読書バリアフリー法の成立・施行を受けて、出版社にもその対応が求められている。
→〈アクセシブル・ブックス〉（P.6）

独占禁止法（私的独占の禁止及び公正取引の確保に関する法律）

自由競争を促進し、一般消費者の利益を守ることを目的とする法律。ただし、＊著作物については再販売価格を指定することが認められているため（法23条の4）、出版物は全国的に定価販売が行われている。
→〈再販制度〉（P.24）

特抄き（とくすき）　〔用紙〕

出版社などが、印刷用紙の規格（寸法、＊連量、紙質など）を指定し、製紙会社に発注して特別に抄造すること。全集や文庫など使用量の多いものや、特殊寸法の雑誌などに例が多い。

特別定価

出版社が読者サービスのために、一定の期間を定めて、＊定価より安く販売する場合の価格。大型全集を発刊する場合に、第1回配本を特別定価とし、以後の巻の販売促進をはかる例もある。

特約店（特約店制度）　〔販売〕

出版社がグループまたは単独で、特定の書店を選んで販売契約を結ぶ制度。その書店に、ある分野の本（例えば理工学図書）を集中させることによって、地域の読者を集め、販売効率を高めることを目的とする。

綴じ込み

付録など別内容（または別判型）のものを本文と一緒に製本すること。

綴じ代（とじしろ）　〔製本〕

書籍・雑誌などを製本する際必要な＊のどの部分の余白を指す。製本様式の相違によって、必要な寸法は様々である。

図書カード NEXT

日本図書普及発行の全国の取扱書店およびネット書店で本や雑誌の購入ができる QR

コード読み取り方式のカード。なお過去に販売されていた紙の「全国共通図書券」や磁気式の「図書カード」は現在も書店で利用することができる。

図書館等公衆送信補償金管理協会（SARLIB）
〔著作権〕

2021年の著作権法の改正によって、特定の図書館等において図書館資料の一部分をメール等で利用者個人に直接、送信（公衆送信）することが、一定の補償金を支払うことにより可能となったことを受けて、補償金の収受・分配を行うために設立された団体。

図書目録

出版目録と蔵書目録（図書館など）に大別され、前者には①出版社が自社刊行物を掲載したもの、②分野別・種類別の目録、③総合目録などの種類がある。

トタン（トタン行間）
〔印刷 / 活版〕

* インテルのひとつで、5号8分の厚さ（約1.3ポイント）の亜鉛板。

ドット（dot）

ひとつひとつの点のこと。パソコンのディスプレイやプリンタでは、ドットが集合して図や文字を構成する。

凸版（凸版印刷）
〔印刷〕

印刷の * 三版式のひとつで、木版印刷以来の古い歴史を有している。印鑑のように、版の凸部が印刷部分になるのが特色で、* 活版印刷や * 網版、線画凸版、* 原色版などの種類がある。

扉（本扉、中扉）

巻頭に本の * 標題を印刷したページを扉または本扉と呼び、内容の章や編を区分するために各ブロックの最初のページにタイトルや見出しを印刷したものを中扉という。

→付録「本の各部分の名称」（P.78）

共紙（ともがみ）

* 扉や * 口絵などの * 別丁類を、* 本文と同じ用紙で印刷すること。小冊子などでは、表紙も共紙を用いることがある。

取込み
〔製本〕

製本の * 丁合いの際、同じ * 折丁を2つ以上拾ってしまうこと。そのまま本になった場合、同じページが重複することになる。

取次会社（取次）
〔販売〕

出版社と書店の中間にある流通業者で、他産業では問屋にあたる。出版物を全国の書店に送品する運輸機能、書店や読者に出版情報を提供する機能の他、集金、金融など多面的な機能を有する。トーハン、日本出版販売、楽天ブックスネットワーク、日教販、中央社等がある。

トリミング（trimming）
〔編集〕

写真イラスト原稿を使用する場合、印刷仕上がりでは余分なところを削除すること。一部分を角版や丸窓で使う場合もある。トリムは英語で刈り込むの意。

取り物
〔販売〕

→〈集品〉（P.28）

トレース（trace）

図書類などを * 製版するために、* 版下を手書きすること。

ドンデン
〔印刷〕

→〈打返し〉（P.10）

トンボ
〔印刷〕

* 多色印刷などの場合、* 見当合せを正確に行うために、* 版面の外につける十文字のマーク。昆虫のとんぼに形が似ているところから、こう呼ばれる。

な

内容見本

新刊書籍の内容、定価、体裁などを紹介するカタログ。特に全集、辞・事典、豪華本などに多く、発行前に無料で頒布する。

ナカグロ（中黒）

記号文字の一種「・」。

中吊り広告（なかづりこうこく）　〔宣伝〕

通勤用電車などの車両内に掲示する広告の一種で、天井からぶら下げるもの。大きさは B3 判横型と、その横寸法を 2 倍にしたもの（ワイドという）の 2 種である。

中綴じ（なかとじ）　〔製本〕

*仮製本の一種で、表紙と*折丁を重ね、真半分に開いた*のどの折目を針金またはミシンで綴じたもの。

仲間渡し

同業者同士の商品売買のこと。その場合の価格や掛率を指す場合もある。

投げ込み

製本工程で綴じ込まずに、製本したあと本にはさみ込むものを指す。例えば*読者カード、*正誤表などがこれに当る。

波ケイ（なみけい）

ブルケイともいう。
→付録「罫線」（P.84）

並製本（並製）

上製本、*本製本に対応する言葉で、*仮製本（仮製）ともいう。中身を綴じ、表紙と接着し、同時に仕上げ断ちしたもの。

に

二次使用　〔著作権〕

既に*複製され公表された*著作物を、別の複製手段で使用すること。二次使用のなかで、雑誌や単行本の形で公表された著作物を文庫・全集などの形で発行することを二次出版という。また、翻訳、ダイジェスト、演劇、映画、朗読など翻案して利用することを二次的利用という。

二次的著作物　〔著作権〕

既に公表されている*著作物（原著作物）を基にして、翻訳、翻案、脚色、編曲等々の手段によって創作された著作物をいう（著作権法 2 条 1 項 11 号）。二次的著作物を使用する場合は、原著作権者の許諾も必要である。

2 分（にぶん）　〔編集〕

使用文字の*全角の 2 分の 1 のスペース。8 ポであれば 4 ポに相当する。

日本音楽著作権協会（JASRAC）
（Japanese Society for Rights of Authors, Composers and publishers）　〔著作権〕

音楽著作物の*著作権に関する仲介業務、外国の音楽著作権管理団体との間での相互保護等を業とする社団法人。1939 年設立。文化庁長官の認可を受けて著作物使用料規程を制定。

日本十進分類法

日本図書館協会が制定した、十進法による図書の分類方法。まず、類目表により 10 区分（0 総記、1 哲学、2 歴史、3 社会科学、

4 自然科学、5 技術、6 産業、7 芸術、8 言語、9 文学）し、以下、綱目表（100 区分）、要目表（1,000 区分）などから構成されている。

日本図書コード

1981 年から実施された図書コード（番号）。*ISBN の他に、定価と *書籍コードの一部を表記することになっている。2007 年 1 月 1 日以降、従来の 10 桁から改定 13 桁となった。

→付録「日本図書コードの構造」（P.88）

日本複製権センター（JRRC）　　　〔著作権〕

出版物の複製に係る著作権の集中管理を行う団体。1991 年に設立され（旧名・日本複写権センター）、1998 年に社団法人化、2012 年公益社団法人化。現在、著作者団体、学協会、出版者（主に雑誌等）、新聞の 4 グループによって構成される。

入金報奨　　　〔販売〕

書店から支払われる月々の入金額・率に応じて、取次会社が書店に支払う報奨金（*歩戻し）のこと。入金促進を目的として、1953 年から実施されている。

入稿

印刷所に原稿を渡すこと。

入帳

商品の出入によって、代金決済を帳簿に記し処理すること。返品入帳などがある。

抜き刷り

執筆者の要望により、書籍・雑誌の版から必要なページだけを抜き出して印刷したも

の。製本分に加えて刷っておく場合と、*保存版を使って新たに印刷する場合がある。

抜き念（抜き念校）　　　〔編集〕

*念校の一種で、*赤字の多かった部分だけを抜き出し、念のために行う *校正。

抜き文字

写真製版の際、文字部分を版から抜いて表現すること。逆に絵柄の上に印刷する文字を「乗せ文字」という。

→〈白抜き〉（P.30）

ね

ネッキ（nick）　　　〔印刷 / 活版〕

*活字の一部分（胴体）につけられた溝。活字の向きや、種類を識別しやすくするため作られている。

ネット書店

→〈オンライン書店〉（P.12）

ネーム　　　〔編集〕

写真や *口絵などにつける簡単な説明文。キャプション、絵ときともいう。

念校　　　〔編集〕

*校了や *責了の直前に、念のために行う校正。多くの場合は *抜き念の形をとる。

納本制度

新刊書籍 1 点につき 1 冊を国会図書館に納める制度(国立国会図書館法 25 条)。現在、定価の 5 掛で納入されており、トーハン・日販が 6 ヵ月交代で事務にあたっている。

のど

本の綴じ目の部分。
→付録「本の各部分の名称」（P.78）

のどぎれ　　　　　　　　　　　〔製本〕

＊本製本の場合に、＊見返し、中身、表紙の間をつなぐ布をいう。＊寒冷紗（かんれいしゃ）などを使用して強度を出す。

延勘（のべかん）　　　　　　　〔販売〕

延勘定の略で、勘定（精算）を繰り延べること。＊取次会社と出版社の間で事前に契約して行う。買切品の場合には特に「買切り延勘」と呼ばれる。

ノンブル（nombre）

本のページ番号のこと。

は

歯（歯数）

＊写植における文字の送り（移動）の単位。記号としては H を用い、1 歯は 1 級と等しく 0.25mm である。すなわち、12Q の文字を 12H の送りで印字したものが＊ベタ組

にあたる。
→〈歯送り〉（P.49）

廃刊

＊定期刊行物の発行を中止し、以後の発行を予定しないこと。

倍数

＊組版における長さや面積をあらわす単位。使用活字の大きさ（＊写植では＊級数）を 1 として、その倍数で表す。

倍数尺（倍尺）　　　　　　　　〔編集〕

活字の大きさ（＊ポイント、＊号数など）を目盛で刻んだ金属のものさし。活字組版の場合に＊割付寸法をはかるために使用する。

バイト（byte）　　　　　　　　〔コン〕

コンピュータのメモリの大きさを表す。また、デジタル情報の単位としても使用。1 バイトはコンピュータの 1 単位であるビットで表すと 8 ビットになる。漢字は 2 バイトになる。

配本

出版物を出版社から読者や取次会社へ、または取次会社から各書店へ配ることをいう。また、全集ものの場合には、"第○回配本"のようにも用いられ、幅広く使われている。

ハイライト（highlight）

写真やイラストの画面の中の明るい部分。

歯送り

＊写植における文字の送りのこと。＊字間・＊行間ともにこの歯送り数で指定する。例えば、12＊級の文字を＊行間＊2 分で印字する場合、行間歯送り 18H と指定する。
→〈歯〉（P.49）

箔（箔押し）

金、銀、アルミなどの金属を薄く延ばした

もの。＊金版を用いて書名等を型押しする
ことを箔押しという。

→〈色箔〉(P.9)〈空押し〉(P.15)

箱（函）

書籍を入れるために、板紙を材料として作
られた外箱。機械箱と手貼り箱がある。

バー・コード（**bar code**）

メーカー名、商品名などの情報を棒状の記
号の組合せで表示したもの。光学自動読取
り式のレジスターを使って、単品ごとの売
上げ情報を管理する。現在、書籍・雑誌に
はほぼ100％表示されている。

はしがき

＊序文、＊まえがきと同じ意味で、本文を
読む際の導入部となるように書かれたも
の。

柱

＊版面の＊天、＊地の余白や、＊小口の余
白に記載された書名、章、節などの見出し
をいう。

パターン配本　　　　　　　　　　〔販売〕

＊取次会社が、新刊委託などの際その出版
物の種類や部数、および配本先である各書
店の規模、地域などを総合的に勘案し、予
め定めてある方式（パターン）にあてはめ
て配本すること。大手取次の一つである日
販がこの呼称を用い、トーハンでは"＊デー
タ配本"と呼んでいる。

バック・ナンバー（**back number**）

逐次刊行物の最新号に対し、過去に刊行さ
れた既刊分をいう。

発売日

出版物を発売する日。雑誌の場合、各誌の
発売日について協定が結ばれており、全国
一斉に行われる。奥付記載の発行年月日と
は必ずしも一致しない。

ハード・カバー（**hard cover**）

＊厚表紙、堅表紙を使用した出版物。＊ソ
フトカバー、＊ペーパーバックに対する言
葉。

花形（はながた）　　　　　　　　〔活版〕

＊活版組版において、輪郭や模様をつくる
ための装飾活字。これをつなぐと飾り罫と
なる。

→付録「罫線」(P.84)

花ぎれ

＊本製本の場合に、中身の＊背の部分の上
下両端に貼りつけた布地。本来は＊折丁の
端を糸で縫い補強する目的であったが、現
在では装飾的なものが多い。

パブリシティ（**publicity**）　　　　〔宣伝〕

一般の新聞記事や放送などで、情報として
取り上げられる間接的な広告のこと。通常
の広告以上に効果的なことが多い。

パブリシティ権（**right of publicity**）

氏名、肖像から顧客吸引力が生じる著名人
が、この氏名・肖像から生じる経済的利益
ないし価値を排他的に支配する権利。

→〈肖像権〉(P.29)

端もの（はもの）　　　　　　　　〔印刷〕

書籍・雑誌などいわゆるページもの印刷に
対する用語で、1・2枚のペラもの印刷物
をいう。ちらし、はがき、名刺などが例。

貼り奥付

本文と別に、ペラ物に印刷して貼りつける
＊奥付。＊検印を押すのに便利であるとか、
定価を変更するのに手間が省ける、などの
理由で使われていたが、最近はあまり利用
されない。

針金綴じ　　　　　　　　　　　　〔製本〕

＊仮製本の一種で、針金を用いて綴じるこ
と。＊平綴じ、＊中綴じの2種類がある。

貼込み

（1）主に＊平版の＊製版の際、＊台紙に＊写植文字・＊清刷り・＊版下などを＊レイアウトに従って貼り込むこと。

（2）製本の際、1枚もの（ペラ）の＊別丁を、＊本文の前後や中間に貼り込むこと。

パーレン（parenthesis）

丸型のかっこのこと（　）。

半角（はんかく）

→〈2分〉（P.47）

判型（はんがた、はんけい）

出版物の大きさのこと。普通は原紙の規格サイズに沿って、＊A判系列、＊B判系列、＊四六判等々が多いが、中には変型のものもある。

→付録「判型の一例」（P.77）

万国著作権条約

（Universal Copyright Convention）〔著作権〕

ユネスコの主唱により1952年に成立した国際著作権条約。ユネスコ条約とも呼ぶ。＊ベルヌ条約とパン・アメリカン条約の橋渡しのために設けられたもので、日本も1956年に参加した。2023年11月末現在、100ヵ国が加盟している。

半裁（はんさい）

＊全紙を2分の1にした紙寸法で、B2判、A2判など。部数の少ない印刷物の場合、半裁印刷機で印刷することがある。

版下（はんした）

写真製版をするための、絵画・写真・文字などの＊完全原稿のこと。

版数

初版から何回改訂し、版を改めたかを示す用語で、第3版などのように用いる。＊刷とは異義。

番線 〔販売〕

＊取次会社において、取引書店を地域ごと、ルートごとに区分したもの。それぞれの地域担当者が置かれ、発送のための諸準備もこの番線ごとに行われる。

販促（販促品） 〔販売〕

販売促進活動のこと。書店訪問も販促の一種。これに役立てるための、景品類などを販促品という。

版面（はんづら）

はんめんともいう。書籍・雑誌の1ページの印刷面（余白を除く）をいう。

搬入

出版社から＊取次会社に出版物を持ちこむこと。新刊書籍などの場合は、製本所から直接持ちこまれることが多い。

販売ルート 〔販売〕

出版物の販売ルートには、いわゆる通常ルート（出版社→取次会社→書店）の他に、教科書ルート、生協ルート、CVSルート、直販ルートなど様々な経路がある。

→付録「主な出版流通経路」（P.76）

版面権（はんめんけん） 〔著作権〕

発行された出版物の＊版面に関して、出版者に与えられる権利の仮称。複写機器の発達に伴って、出版物からの複写が激増し、出版者などが被害を受けていることを背景に、著作権審議会第8小委報告書（1990年）で、権利の創設が提案されたが、産業界等の反対で、法制化は実現していない。

版元

出版社（発行所）のこと。木版印刷の時代に、版木の持主という意味で用いられたことに由来する。

凡例（はんれい）

出版物の本文に使用されている用字・用語、

記号、略語、その他約束ごとを、一括して
例示・説明したページ。辞・事典類、地図
類、専門書などには特に必要である。

ひ

光ディスク（optical disk）　　〔コン〕

特殊加工した円盤に、小さな穴をあけて
データを記録したものに、レーザー光線
をあて、反射光から読み出しを行う大容
量記憶装置。CD、*CD-ROM などに加え、
*MO（光磁気ディスク）、DVD、ブルーレ
イディスクなどもその仲間である。

引合せ（引合せ校正）

＊校正刷りを、原稿や前校の＊赤字と綿密
に照合して行う校正のこと。
→〈校正〉（P.22）

ピクセル（pixel）

→〈ドット〉（P.46）

左開き（ひだりびらき）

横組の本の造本形式。奇数ページが右側に
くる。
→〈右開き〉（P.60）

ビット（bit）（BInary digiT）　　〔コン〕

2 進数（0 と 1）の略。コンピュータのデー
タの量を表す基本的な単位。8 ビットは 1
バイト。

ビットマップ（bitmap）　　〔コン〕

文字や図の配置をメモリ内のひとつひとつ
の点（ドット）で表現、記憶したもの。文
字の移動、図形の表現も容易に対応できる
が、保存には、大きなメモリ容量が必要。
文字をドットの集まりで表現したものを、

ビットマップ・フォントという。
→〈フォント〉（P.53）

ビニール貼り

印刷物の表面に薄いビニールフィルムを貼
ること。表面を保護し光沢を与えるのが目
的で、表紙などに用いられる。

ビニール引き

印刷面にビニール溶液を塗布したもの。光
沢や耐水性を持たせるために行う。

ビューワー（Viewer）

パソコンで、テキスト、静止画、動画等の
ファイルを閲覧するためのソフトウェア。

表 1（表 2〜表 4）

表紙の表を表 1、裏を表 2、裏表紙の内側
を表 3、外側を表 4 と呼ぶ。特に雑誌の場
合などは、表紙にも記事や広告を載せる関
係からよく用いられる用語である。

表外漢字（字体表）

常用漢字以外の漢字のこと。2000 年に文
化庁国語審議会は、漢字使用における字体
選択のよりどころとして、表外漢字字体
表を文部大臣に答申した。

評価減

→〈単行本在庫調整勘定〉（P.38）

表組み

図表（数字や文字でできたもの）を＊組版
にすること。通常の文字原稿に比較して手
間がかかる。

表紙貼り　　〔製本〕

表紙をこしらえること。芯になる板紙や地
券紙に＊クロスまたは紙を貼りつける作業
を指す。

表紙返品

雑誌を＊返品する際、輸送の省力化を図る
ため、表紙だけ取りはずして返品し、全体
を返品するのに代えること。出版社と取次

会社間で話合いのついた雑誌について実施されており、中身は古紙業者が処理する。

標題

著作物の題名。本の場合は書名ともいう。

平（ひら）

出版物の表紙の平面になっている部分。
→付録「本の各部分の名称」（P.78）

平台（ひらだい）　　〔販売〕

書店の店頭で、＊平積みにして陳列する台。

平台印刷　　〔印刷〕

＊輪転印刷に対する言葉。平らな版に円筒で押圧して印刷すること。用紙は＊枚葉紙を用いる。

平積み　　〔販売〕

書店店頭で、本を平らに積み重ねて陳列すること。棚に入れるより人目を引きやすいため、新刊書や、時期的にタイミングよく販売したいものなどが並べられる。

平綴じ　　〔製本〕

＊仮製本の一種で、＊のどの近くを針金で綴じる製本方法。ページ数の多い雑誌などに用いられる。
→〈中綴じ〉（P.47）

平判（ひらばん）　　〔用紙〕
→〈枚葉紙〉（P.59）

合い組　　〔印刷 / 活版〕

＊活字＊組版の場合に、＊文選しながら＊植字を行うこと。欧文＊組版はこの方法をとる。また和文でも比較的単純な組版の場合に行われることがある。

ふ

フォトタイプ・オフセット印刷　　〔印刷〕

＊軽印刷の一種でPTO印刷とも呼ばれる。和文タイプライターで清打ちして＊版下を作り、製版カメラで撮影して＊刷版に焼きつけ、小型オフセット機で印刷する。

フォント（font）

ディスプレイ画面に表示したり、プリンタで印刷する時の、文字の大きさや書体のこと。パソコン等では、＊ドット（点）の集合で表現するドット・フォントと点を結ぶ線の集合で表現する＊アウトライン・フォントがある。

吹きつけ　　〔製本〕

製本工程で、＊天または三方の＊小口に染料を吹きつけること。

普及版

同一の著作物を、＊造本などに変更を加えて廉価版として発行したもの。

複合型書店　　〔販売〕

書籍・雑誌を販売する一方、文具・音楽映像ソフト（CD・DVD等）の販売を行う。近年はカフェを併設する書店も多くなっている。

複合出版物

再販商品である書籍・雑誌と、非再販商品をセットした出版物のこと。再販商品に用いる「定価表示」ではなく、「価格」等と表示する必要がある。

副次権（subsidiary rights）　　〔著作権〕

出版契約に付随して、二次出版あるいは出

版以外での著作物の利用に関する権利。翻訳出版契約においてよく用いられる語。＊商品化権（マーチャンダイズ権）等が代表的。

複写紙型　　〔印刷 / 活版〕

＊鉛版から複写した＊紙型のこと。活字組版から取る紙型（元紙型という）に比べて＊象嵌部分も訂正されているため＊重版の際便利であるが、鉛版に復元する際の精度はやや劣る。

複写複製（複写複製問題）　　〔著作権〕

フォトコピー機等の複写機器によって、出版物から著作物等を複製すること。複写機器の急速な進歩、普及が、著作権者の許諾を受けない大量の無断複写を招いたため、1980 年代に各国で集中処理機構が設立された。日本でも、1991 年に日本複写権センター（現・＊日本複製権センター）が設立された。

→〈著作権等管理事業者〉（P.40）

副題（subtitle）

＊著作物の＊標題とは別に、副次的につけられる題名。標題を補足したり、説明するために付けられる場合が多い。図書館では副書名という。

複本

図書館で同じ本を 2 部以上所蔵する場合、それらを複本と呼ぶ。特に公共図書館では、貸出し頻度の高い本を複本として備えつけ、利用に応じている例がある。

袋綴じ　　〔製本〕

紙を二つ折にして、袋状になった方を＊小口にする綴じ方。和装本に多い製本様式で、紙の内側は白になっている。

府県商　　〔用紙〕

紙の卸業者のことで、＊洋紙代理店からの

仕入を主体とした二次販売店を指す。

伏字（ふせじ）

(1) ＊活字組版で、該当活字がない場合などに＊ゲタを入れたもの。

(2) 何らかの理由で、字句を出すことを差し控える場合に、符号（○や×や□）を用いて表記したもの。

歩高入帳（ぶだかにゅうちょう）

出版社の場合、取次に出した時の＊正味より、高い正味で＊入帳処理すること。

→〈歩安入帳〉（P.55）

ふちどり

(1) 文字や絵などの周囲を罫で囲むこと。

(2) ＊鉛版のふちを削り落し、仕上げをする作業。

復刊

(1) ＊休刊していた＊定期刊行物を、改めて発行しだすこと。

(2) ＊絶版にしていた書籍を、内容上の訂正を加えず、再び刊行すること。

ブック・クラブ（book club）

会員制度により、会員に対し既刊または新刊図書を選定したリストを送り、会員が選択したものを一定期間ごとに届ける組織。欧米では盛んである。

ブックスタート

自治体が行うゼロ歳児健診などで、絵本を開く楽しい体験とともに、赤ちゃんに絵本を手渡す活動。1992 年に英国で始まり、日本では、2001 年 4 月から行われるようになった。2023 年 12 月末現在で、1,100 市区町村自治体で実施されている。

ブック・フェア（book fair）

本の見本市あるいは図書展のことで、特に国際的なものを指すことが多い。毎年秋に開催されるフランクフルト・ブックフェア

などが名高い。日本でも、1994 年から毎年、東京国際ブックフェアが開催されていたが 2017 年以降開催を取りやめている。

復刻版（覆刻版）

長らく＊絶版になっていた書籍などを、そのままの体裁で再び発行したもの。最近では、原本をスキャンし、データ化して印刷するものが多い。

部分再販

再販契約を取次会社と交わしている出版社が、特定の出版物について新刊発売時から、価格拘束をしないで発行すること。

→〈時限再販〉（P.26）

部分指定配本　　　　　　　　　〔販売〕

特定地域や特定書店を指定し、重点的な配本を行うこと。

→〈指定配本〉（P.27）

歩戻し（ぶもどし）　　　　　　〔販売〕

売手が買手に対し、商品の支払い代金の一部を割り戻しすること。出版業界では、主に書店の売上げに対する謝礼として用いられ、＊スリップを報奨券とする方法や、＊入金報奨などが含まれる。

歩安入帳（ぶやすにゅうちょう）

出版社の場合、取次に出した＊正味より低い正味で入帳処理すること。＊返品をペナルティー的な意味で、歩安入帳することがある。

→〈歩高入帳〉（P.54）

ブラウザ（browser）　　　　　　〔コン〕

ファイルの中を見るソフト。インターネットの＊ホームページを見るためのソフトは＊WWW ブラウザ、インターネットブラウザ、単にブラウザともいう。

プラットフォーム（platform）　　〔コン〕

アプリケーションソフトを動作させる際の基盤となる基本ソフト（OS）の種類や環境、設定などのこと。ソフトウェア自体が提供する環境も、そう呼ばれることがある。

ぶら下がり　　　　　　　　　　〔編集〕

行の末に句読点がきた場合、標準の＊字詰からはみ出して組む組み方。

フランス表紙（フランス装）

＊仮製本の一種。綴じた本の中身の＊小口を裁断せず、四辺を折り曲げて＊チリを出した表紙で包んだもの。

プリプレス（prepress）　　　　　〔コン〕

文字組版、製版、＊刷版の印刷工程以前の分野の総称。

フリーペーパー

広告収入で製作費等を賄い、読者には無料で配布される新聞や雑誌のこと。

ブルケイ

波ケイともいう。

→付録「罫線」（P.84）

フレキシブル・バック（flexible back）

＊本製本の＊背のつくり方の一種で、中身の背の部分に軟かく薄い紙を貼り、表紙の背と密着させたもの。本を開くたびに、背がしわになる欠点がある。

→〈タイト・バック〉（P.36）〈ホロー・バック〉（P.58）

フローレンス協定

教育的、科学的及び文化的資材の輸入に関する協定。書籍・雑誌等の出版物、美術品、視聴覚資材等の輸出入における関税が免除される。日本は 1970 年に加入。

文庫（文庫本、文庫版）

古典的名作や評価の定まった既刊本などを、廉価で提供することを目的とした小型判のシリーズ。ドイツの "レクラム文庫" を範とした岩波文庫（1927 年創刊）が最

初といわれる。最近では単行本発行後すぐ
文庫に入れる例や、書き下しの文庫を発行
する例も多い。

文庫判

A6 判の俗称。多くの * 文庫が A6 判を採
用したためにこう呼ばれる。

→付録「判型の一例」（P.77）

文選（ぶんせん）　　　　　〔印刷 / 活版〕

活版印刷において、原稿に従って必要な *
活字をケースから拾い出し、小さな木の箱
（文選箱という）の中に揃えること。

→〈植字〉（P.29）

閉架式

図書館で書架が公開されていないで、目録
によって資料を探す方式。

→〈開架式〉（P.12）

平体

* 写真植字において、字の * 天地をレンズ
操作で縮小して印字したもの。1 番から 4
番まであり、10% ずつ平たくなる。

→〈長体〉（P.40）

平版（へいはん、平版印刷）　　　〔印刷〕

印刷の * 三版式の一つで、版に凹凸のない
ものを指す。主にオフセット印刷されるの
で、* オフセット版と呼ぶことが多い。原
理的には、水と油の反発性を利用して印刷
するもので、当初は * 石版印刷であったが、
現在では、亜鉛やアルミ版にかわっている。

→〈オフセット印刷〉（P.11）

ページ組

本組とも呼ばれ、1 ページずつまとめて組
んでいく組み方。* 棒組に対する言葉。

ページ単価（ページ当り単価）

（1）定価を総ページ数で割った数値。類書
　　と定価の比較をする場合の目安とな
　　る。

（2）印刷所で * 組版する際の 1 ページ当り
　　の料金を指す。

（3）* 通し単価の意味で使われることもあ
　　る。

ページ物（ページ物印刷）　　　　〔印刷〕

書籍などページ数の多い、形式のほぼ一定
した印刷物のこと。* 端ものに対する用語。

ページ割り　　　　　　　　　　〔編集〕

雑誌などを編集する場合、記事や企画ごと
にページを割りふること。

ベタ　　　　　　　　　　　　　〔印刷〕

（1）* ベタ組のこと。

（2）濃淡や白の部分がなく、全体がインキ
　　で完全におおわれている部分。

ベタ組

* 込め物を入れず、連続してアキのないよ
うに * 活字を組むこと。* 写植の場合は使
用 * 級数と同じ * 歯送りで印字すること。

別丁（べっちょう）

* 本文とは別に印刷して貼り込んだり、綴
じたりするもの。* 口絵、* 扉、図版など
に多い。

ペーパーバック（paperback）

紙表紙製、* 仮製本の書籍。大量生産によ
る低定価のシリーズものが多く、* 新書な
どが代表例である。

ベルヌ条約（Berne Convention for the Protection of Literary and Artistic Works）
〔著作権〕

著作権を国際的に保護するための条約。当初ヨーロッパ諸国が参加してベルヌ（スイス）で調印されたが、次第に拡大して2023年11月末現在179ヵ国が参加している。日本も1899（明治32）年に加盟した。創設時の条約の他、追加規定がある。
→〈万国著作権条約〉（P.51）

変型判

*JIS規格（*A判、*B判）以外の判型。
→付録「判型の一例」（P.77）
〈規格判〉（P.15）

編集後記　〔編集〕

雑誌などの末尾に、その編集者が書き記す短い文章。内容は雑誌の性格により、多岐にわたる。

編集著作権　〔著作権〕

他人の著作物等を選択して集め、創意工夫をこらして整理・配列して一つの著作物にまとめた場合、編集した者に新たに発生する著作権（著作権法12条1項）。雑誌、辞・事典、図鑑、一部の参考書、創作集、論文集、選集などに例がある。

編集人（へんしゅうにん）

主に雑誌などの場合、編集責任者の氏名を発行人とともに記し、責任の所在を明らかにする場合がある。

返品　〔販売〕

売れ残った書籍・雑誌を、書店から*取次会社を通じて出版社に戻すこと。*委託販売制度にあっては、いわば必然であるが、最近*返品率が上昇する傾向にあり、出版業界にとって大きな問題になっている。

返品期限　〔販売〕

*委託制度のもとで、返品可能な期間のこと。*取次会社から出版社への返品期限は、品出し後、書籍6ヵ月、雑誌2〜3ヵ月。書店と取次会社間は、書籍3ヵ月半、雑誌45〜60日。
→付録「委託期間と請求期日」（P.77）

返品債権特別勘定

雑誌等の定期刊行物の販売に関して、その事業年度の繰入限度額の範囲で、損金経理によりあらかじめ返品債権特別勘定に繰り入れることが認められている。出版社が、取次会社等の販売業者と特約を結んでいることが必要である。（書協発行「出版税務会計の要点」参照）。

返品条件付買切り　〔販売〕

売れ残った場合は返品可能との条件を付けて*買切り扱いにすること。*返品率に限度を設ける場合もある。通常の委託品よりも代金決済が早くなるのが特徴。

返品調整引当金

出版業のように、常に一定の*返品が予想される業種の事業者に、税法上認められている特例。返品による損失の見込額を一定の算式で出し、損金として計上する。（書協発行「出版税務会計の要点」参照）。

返品入帳

本が*返品されてきた際、帳簿に記入処理すること。返品期限の切れたものは、入帳不能品として扱われる。

返品率

*取次会社から書店への総送品金額に対する総返品金額の割合をいう。書籍の場合その推移は、1985年39.5%、1995年35.5%、2005年38.7%、2015年37.2%、2023年33.4%となっている（出版年報より）。

ほ

ポイント

文字の大きさを表す単位で2種類ある。1ポイントはJISが0.3514mm、DTPで使用しているのが0.3528mm。文字を指定する場合に9P、9ポなどと略すことが多い。

→付録「文字の大きさ」（P.80）

ポイントカード

購入金額に応じたポイントを顧客に付与し、サービス等を提供するカード。公正取引委員会は、再販契約の下では、「ポイント還元は、値引きと認められる経済上の利益」と判断している（出版流通改善協議会発行「再販契約の手引き」参照）。

棒組（ぼうぐみ）

使用活字、*字詰、*行間だけを一定にしておき、ページに関係なく連続して*植字すること。辞・事典、辞書のように、組み始める段階で原稿の量や、*割付が確定できないものに用いられる。

→〈ページ組〉（P.56）

報奨金　　〔販売〕

出版社が書店の売上げに応じて出すスリップ報奨、あるいは全集などの場合の特別報奨、また、取次会社が行う*入金報奨などがある。

法人著作

→〈職務上の著作〉（P.30）

ぼうず　　〔販売〕

→〈スリップ〉（P.32）

母型　　〔印刷／活版〕

字母ともいい、活字鋳造用の凹字型（雌型）のこと。打込母型、彫刻母型、電鋳母型の3種類がある。

ポストスクリプト（Post Script）　　〔コン〕

米アドビ社（Adobe）が開発した、世界標準的なページ記述言語。文字、図形等の細かい指示が可能になった、一種のプログラミング言語。ポストスクリプト対応のプリンタ間では互換性が保たれる。

保存版

*活版印刷で、印刷済みの版を*増刷に備えて*原版で保存しておくこと。*平版の*刷版を保存する場合もある。

ホームページ（homepage）　　〔コン〕

*HTMLで記述された*WWWサーバーに登録された情報で、WWW*ブラウザを使用して見える画面のこと。本来はWWWブラウザを起動したときに最初に表示されるページをいう。

ボール（ボール紙）　　〔用紙〕

黄板紙のことで、藁などを原料にした板紙。

ボールド（bold）

欧文文字で肉太の文字のこと。

→付録「活字の書体」（P.83）

ホロー・バック（hollow back）　　〔製本〕

*本製本の*背の付け方の一つ。本を開いた時に背と中身が離れる製本方法で、*のどまで十分に開くことができる。現在最も多く用いられている方式である。

→〈タイト・バック〉（P.36）〈フレキシブル・バック〉（P.55）

翻案　　〔著作権〕

原著作物の基本部分や筋などを変更せず、表現の形式を変えて別個の著作物を作ること。例えば、ダイジェスト、古典の現代語

訳、外国人の主人公を日本人に置きかえること、時代を変えること、あるいは小説を戯曲やシナリオに脚色すること、コミックを映画化することなどが含まれる。翻案を行う場合には、原著作者の許諾が必要である。

本誌

雑誌の場合で、＊増刊や別冊などに対し、母体となった本来の雑誌のこと。別冊付録に対してもいう場合がある。

本製本　〔製本〕

本の中身を糸で綴じてから＊化粧裁ちし、表紙を被せる製本方法。表紙が中身より一回り大きい（＊チリがある）のが特徴で、背には角背、丸背があり、＊厚表紙と＊薄表紙がある。

→〈仮製本〉（P.15）

本体価格

消費税を含まない書籍や雑誌の価格。再販出版物については、本体価格に消費税を加算した価格が定価となる。

→〈定価〉（P.42）

本文（ほんもん）

書籍・雑誌の主体を構成する部分をいう。本文以外を一括して＊つきものと呼ぶ。

本文活字

本文に使用する文字。本の性格によって様々であるが、一般的には＊明朝体の12級、13級などが多い。

→付録「文字の大きさ」（P.80）

本文用紙

書籍・雑誌の本文を印刷する用紙。本の種類に応じて様々な紙が用いられる。

翻訳権　〔著作権〕

＊著作物を翻訳して公表する権利。＊著作権の一部として＊著作権者が専有しており、翻訳出版をする場合には、翻訳権使用契約を結ぶ必要がある。この実務を代行する機関として仲介業者（＊リテラリー・エージェント）が存在している。

翻訳権10年留保　〔著作権〕

＊翻訳権の保護期間を発行後10年間に短縮する制度。旧著作権法下の日本では、＊ベルヌ条約ローマ規定に基づいてこの保留宣言を行っていた。即ち、ベルヌ条約加盟国で発行された著作物で発行後10年間日本語に翻訳されなかったものは、翻訳権が消滅し自由に翻訳できる制度である。現行の著作権法はこの留保を放棄したため1971年以降の出版物にはこの規定は適用されない。

枚葉紙（まいようし）　〔用紙〕

所定の寸法（A判、B判など）に裁断された用紙を指し、平判とも呼ばれる。＊巻取紙に対する呼称。通常1,000枚を1単位（1連）として取引される。

→〈連量〉（P.66）

まえがき

＊序文のこと。＊あとがきに対応する。

前付（まえづけ）

＊本文の前に付される＊つきものの総称。＊扉、＊口絵、＊献辞、＊序文、＊凡例、＊目次などがあり、普通、本文と＊割付、組体裁が異なる。

巻取紙　〔用紙〕

所定の幅で芯棒に巻き付けて仕上げた用紙

のこと。＊枚葉紙に対する呼称で、輪転印刷に用いる。

巻見返し　〔製本〕

＊本製本の際、＊見返しの紙の端を＊折丁に巻き込むか、あるいは、力紙（ちからがみ）を折丁に巻き付けて見返しと中身とを接着し強くする方法をいう。

増刷り（ましずり）

→〈増刷（ぞうさつ）〉（P.35）

待ち校

印刷所の要員が待っている状態で、短時間に行う＊校正のこと。

マーブル（マーブル取り）

大理石（マーブル）の表面に見られる模様。書籍や帳簿の＊小口や＊見返しに染めつけること。とくに帳簿の小口は紙葉を破り抜くと模様が曲がるので改変防止用に使用。

丸鉛版（丸版）　〔印刷／活版〕

活版の輪転印刷に使用するため、半円型に製版した＊鉛版のこと。

丸背

→〈背〉（P.32）

見返し

本の表紙と中身を結合させるために、表紙と裏表紙の内側に貼られる紙。
→付録「本の各部分の名称」（P.78）

みがき

返品となって、あるいは長期在庫のため、＊小口などが汚れた場合、その汚れをこすり落とすことをいう。

未刊

刊行予定で進行中であるが、まだ刊行されていない出版物。

右開き（みぎびらき）

縦組の出版物の開き方。奇数ページが左側にくる。
→〈左開き〉（P.52）

見込み注文　〔販売〕

書店が自店での販売見込み部数を予測して＊取次に注文を出すこと。注文品は＊買切りが原則であるが、見込み注文品は＊客注品に比べて＊返品になることが多い。

見込み部数　〔販売〕

売れる見込みをつけた部数のこと。出版物のほとんどは受注生産でないため、出版社は販売可能部数を予測して見込み生産を行い、＊取次でも同様に見込みで仕入れる。

ミシンケイ

→付録「罫線」（P.84）

三筋ケイ

→付録「罫線」（P.84）

ミゾ（溝）

（1）＊本製本・＊厚表紙の本の場合に、開閉を容易にするために、＊背と＊平の境目につけられている溝のこと。
→付録「本の各部分の名称」（P.78）
（2）〔活版〕活字の底の部分に付けられている溝。活字をさかさまに印刷すると＝のようになる。
→〈ゲタ〉（P.19）

見出し

雑誌・新聞記事の初めにつけられる＊標題、または、書籍の中身が区分されている部分に、部、編、章のそれぞれにつけられる標題をいう。大見出し、中見出し、＊小見出しなどと分けて使うこともある。

見はからい送本　　　　　　　〔販売〕

＊取次会社が取引書店に対し、その書店の販売能力に応じ、適当と思われる出版物を、適当と思われる部数送品すること。
→〈適正配本〉（P.42）〈データ配本〉（P.43）〈パターン配本〉（P.50）

見開き

出版物を開いた状態。偶数ページと奇数ページが左右に向き合っていること。

見本組

→〈組見本〉（P.18）

見本本（みほんぼん）

現物通りのものを発行日前に作成し、＊販売上の資料とするもの。＊委託販売の場合、取次への搬入の数日前に示し、仕入部数の決定を求める。大型商品の場合は、予約注文用に早期に作成することがある。

耳

製本工程で、本の中身と表紙の接着を良くするため、中身の＊のど側に圧力を加え、角をはみださせた部分。
→付録「本の各部分の名称」（P.78）

明朝体（みんちょうたい）

＊書体の一種で、横線が細く縦線が太いのが特徴。書籍・雑誌の＊本文用に最も一般的に用いられている。
→付録「写真植字の書体」（P.82）「活字の書体」（P.83）

む

無検印（無検印本）

見本や寄贈など特定の目的に供するための＊検印を押してない書籍を指す。＊著作権者と出版社との合意によって検印を廃したものは、「検印廃止」「検印省略」などと記し、これとは区別していた。

無線綴じ　　　　　　　　　　〔製本〕

糸や針金を使用せず、接着剤のみで出版物を綴じる製本形式。一貫作業で製本できるので、雑誌、電話帳など厚物製本に用いられる。改良したものを＊あじろ綴じという。

無双ケイ（むそうけい）

→付録「罫線」（P.84）

ムック

Book と Magazine の間という合成造語、Mook。雑誌形態をした単行本。グラフ中心のものが多い。

むら取り　　　　　　　　〔印刷/活版〕

＊活版印刷で、活字の高さの差で、字が強く押されたり、かすんだりするのを防ぐため、圧胴の厚さを調節する印刷準備のこと。

め

目合せ　　　　　　　　　　　〔製本〕

製本工程で、＊丁合いの誤りを防ぐため、各＊折丁を一定数（普通は 100 枚）ずつ順

序正しく配置する作業。

メタデータ 〔コン〕

データそのものではなく、そのデータの属性・関連性などを示すデータで、データの管理や検索を容易にする。本を例にすると、タイトル、著作者、発行年、出版社など。インターネット上での検索に利用される「タグ」もメタデータに含まれる。

メッキ 〔印刷〕

印刷の際、耐刷力を増す目的で、* 鉛版にニッケルや鉄、* グラビア版にクロムなどのメッキを施すこと。

目抜き 〔販売〕

書店の棚の一番見やすい位置。「目抜き通り」に由来する業界用語。

面掛け 〔印刷〕

用紙の片面に印刷されるページ数（* 版面数）のこと。A5 判なら A 全判で 16 ページ（16 面掛け）になる。

面陳列

書店で人目をひくために、書籍・雑誌を平台で表紙を見せ陳列（* 平積み）すること。また棚での表紙陳列もある。

面付け 〔印刷〕

1 枚の印刷用紙に、同一の * 版面（同一ページ）を複数付けて印刷すること。2 面付け、4 面付けなどがある。

面取り表紙

大型の書籍やアルバムなどで、表紙の芯に特に厚い板紙を用いた場合、板紙の三方の縁を斜めに削り取り、表装材を貼って仕上げたもの。

も

モアレ（moire） 〔印刷〕

* スクリーンを掛けた * 網版を 2 色以上重ね合せた場合などに、縞状の斑紋が生じることをいう。また、* 網版印刷物を原稿として複製する場合にもこのモアレが生ずる。防ぐにはスクリーンの角度を変えるなどの方法がある。

申込み配本 〔販売〕

* 委託販売の場合、書店からの申込み部数を優先して * 配本すること。

目次

出版物の内容を、編、章、節などの構成の順に列挙し、該当ページを示したもの。通常は、* 本文の前、* 序文の後に置く。

木版（木版印刷） 〔印刷〕

木を版の材料とした * 凸版または * 凹版。最も古く（7 世紀・中国）から行われている印刷方法である。

文字・活字文化推進機構

「* 子どもの読書活動推進法」（2001 年）と「* 文字・活字文化振興法」（2005 年）の具現化を図り、言語力の向上を目指すために、出版界、新聞界に加え、経済、労働等の民間団体が協力して、2007 年 10 月に設立された。現在公益財団法人。

文字・活字文化振興法

文字・活字文化の振興を総合的に推進するため、国や自治体の基本的責務を定めた法律。読書週間の初日にあたる 10 月 27 日を文字・活字文化の日として定めている。

文字象嵌（もじぞうがん）

→〈象嵌〉（P.35）

持込み原稿

出版社が企画し依頼したものでなく、著者
の方から出版社へ持ち込まれた原稿。出版
社では編集者がその内容を検討し、出版す
るかどうか決定する。

モノタイプ（monotype）　　〔印刷 / 活版〕

＊機械植字機の一種で、和文用と欧文用の
ものがある。活字が 1 字ずつ鋳造され、自
動的に＊植字されるのが特徴で、＊誤植訂
正はその文字だけで済ますことができる。

諸製本（もろせいほん）　　　　　〔製本〕

図書館などで破損した書籍や、雑誌の合本
などを、注文主の要望に応じて 1 冊ずつ独
自に製本すること。大量生産に対する言葉。
その業者を諸師（もろし）と呼ぶ。

焼込み　　　　　　　　　　　　　〔印刷〕

＊写真製版で、1 枚の版に別々の写真や文
字を焼き付け、組合せ画像を作ること。伏
せ込み、重ね焼きともいう。写真版、オフ
セット、グラビア等いずれにも行われる。

約物（やくもの）

記号活字の総称。＊写植の記号文字にも転
用して用いることがある。

→付録「記号文字」（P.84）

ヤレ

印刷や製本の工程で無駄になった用紙。刷
りヤレ（印刷）、折りヤレ（製本）など。
破れ（やぶれ）から由来した俗称。

ユニコード（Unicode）

世界各国の文字に対応できる統一文字コー
ド。1993 年には＊ISO 規格に、日本では
1995 年に＊JIS 規格に定められた。アルファ
ベットは 1 文字 1 バイト、漢字は 1 文字 2
バイトで表現する。2001 年および 2007 年
に改訂されている。

ユネスコ条約　　　　　　　　　〔著作権〕

→〈万国著作権条約〉（P.51）

容器包装リサイクル法（容リ法）

容器包装廃棄物の排出の抑制、分別収集の
促進を図り、廃棄物の再商品化を促進する
ための措置を講ずる法律で、1997 年に本
格施行された。これにより、容器包装の種
別ごとの表示等が義務づけられている。

要再校　　　　　　　　　　　　　〔編集〕

＊初校についで 2 度目の＊校正を必要とす
る場合、＊ゲラ刷りに "要再校" と朱書し
て印刷所に戻す。同様に要三校、要念校な
どとも用いられる。

洋紙　　　　　　　　　　　　　　〔用紙〕

＊和紙に対し、機械製紙による西洋式の紙
を指す。現在、普通に使用する紙のほとん
どは洋紙であり、原材料や製造工程の相違

によって多くの種類がある。

用紙 〔用紙〕

一定の使用目的を定めた紙のこと。新聞用紙、書籍用紙などという。出版社の場合には、出版物に使用する紙総体を"用紙"と呼んでいる。

洋紙代理店 〔用紙〕

紙の第1次代理店で、製紙メーカーが自社の取引先として契約している販売店。

→〈府県商〉（P.54）

用紙の目 〔用紙〕

紙には抄造時に生ずる繊維の流れがあり、仕上った用紙の長辺に平行して目が流れているものを縦目の紙、短辺に平行しているものを横目の紙と呼ぶ。本にする場合には *背と平行に目が通っていないと、開きにくく壊れやすくなる。従って、通常、A5判、B5判、*菊判などには縦目の紙を、A6判、B6判、菊倍判、*四六判などには横目の紙を用いる。

→〈逆目〉（P.16）

予価

予定価格の略。*内容見本などを作成する際、未だ価格（再販商品の場合は *定価）が決まっていない場合に予価と記す。

横組

左から右に読めるよう、水平に *組版すること。*左開きが普通で、学術書や理工書に多いが、最近では一般書にも増加しつつある。

→〈縦組〉（P.37）

横目 〔用紙〕

→〈用紙の目〉（P.64）

予備紙（予備率）

印刷や製本工程での損紙（*ヤレ）を見込んで、実際に必要な枚数以上に用意する用紙のこと。予備率はその比率を指す。

読合せ（読合せ校正）

一人が原稿または *校正刷りを音読し、もう一人が校正刷りまたは原稿を見ながら行う *校正のこと。対校ともいう。数表の校正などに便利である。

予約価

*予約出版などで一定期間中の予約者に限って提供する特別の価格。通常の販売価格より安くする。*再販商品の場合は"予約定価"と表示する必要がある。

予約出版

購買申込みを予め募集し、申込み者から代金の一部または全部を徴収して行う出版。豪華本、*限定版、全集などに例が多く、普通は予約者に限定して販売する。

予約注文

本の発行以前に、*内容見本などによって購買の申込み（注文）を受けること。販売部数をある程度把握することができる。

ら

ライトノベル（light novel）

主として中高生などの若年層を対象とした小説を指す和製英語。表紙や挿絵にコミック調のイラストを多用しているものも多い。

ライノタイプ（linotype） 〔印刷 / 活版〕

*機械植字機の一種。欧文組版に利用され、1行分をひとかたまりにして鋳造するもの。能率は高いが、*差替えにあたっては、1行分全部を打ち直さなければならない。

落丁

出版物のページに脱落があること。製本工程で＊折丁をページ順に重ねる時、1折分を取りそこねて、16ページとか32ページが抜け落ちることから生ずる。

ラフ紙　〔用紙〕

表面がざらざらとあらく仕上がっている下級紙。＊束が出るので、原稿量の少ないものの本文用紙などに用いる。

欄外

組まれている＊本文の欄以外の余白をいう。

ランク配本　　　　　　　　　　〔販売〕

取次会社が取引書店の販売力をランク付けし、これに基づいて配本を行うこと。
→〈データ配本〉(P.43)〈パターン配本〉(P.50)

乱丁

出版物のページの順が前後していること。製本する際＊折丁がページ順に＊丁合いされていなかった場合に発生する。

り

リーダー（leader）

→付録「罫線」(P.84)

リテラリー・エージェント（literary agent）

＊著作権者と著作権使用者の間に立って、原稿の受け渡しや使用料交渉などを仲介する者を指す。日本では主に翻訳出版の仲介を行う民間業者が存在する。

リード（lead）

主として雑誌や新聞記事の冒頭に置かれる短い文章のこと。内容の要約を記したもので、読者をその記事に誘導する目的で付けられる。

リプリント（reprint）

(1) 印刷して公表されているものを再び印刷すること。
(2) ＊原版に使用されている＊活字や図版を用いて、再刊（復刻）すること。

リボン

スピン、しおりともいう。
→付録「本の各部分の名称」(P.78)

流通機構

商品が生産者から最終需要者に到達するまでの仕組みのこと。日本の出版業界では、出版社→＊取次会社→書店という経路（通常ルート、書店ルートなどと呼ばれる）が全体の57.6％を占める（2021年現在）といわれるが、この他にもいくつかのルートがある。
→付録「主な出版流通経路」(P.76)

流通センター

＊取次会社で、特定出版社の売れ行きの良い出版物を保管し、書店からの＊注文に迅速に対応するためのセンター。

リライト（rewrite）

原稿を公表に適するように、表現、叙述、構成などを書き改めること。編集者など著者以外の人間が行う場合は、予め著者の了解を得ておく必要がある。

リンク（link）　　　　　　　　　〔コン〕

ネットワークで、＊Webページからほかのページにつなぐこと。

リング綴じ　　　　　　　　　　〔製本〕

用紙の＊のど近くに穴をあけ、金属やプラスチックのリング状のもので綴じる方法。ノート、アルバム、カレンダーなどに用い

られる。

輪転印刷機（輪転機）　　　〔印刷〕

円筒型の＊版面と圧胴との間に＊巻取紙を通して印刷を行う印刷機。＊オフセット、＊グラビアなどはほとんどこの輪転機を使用している。大量部数のものに適している。

ルビ（ruby）

漢字につけるふりがな。読みが難しい漢字、特別な読み方をする漢字、またひとつの言葉に対して別の意味を持たせるためにつけることがある。縦組みでは右側、横組みでは上側につけるのが普通。文中の漢字全部に付すのを"総ルビ"という。

レイアウト（layout）　　　〔編集〕

＊割付と同義。視覚面を強調する場合は、レイアウトと言う場合が多い。
→〈割付〉（P.67）

レザー（leather）

布または紙に塗布加工し、外観を革のように仕上げたもの。表紙や外箱などに使用する。布をベースにしたものをレザー・クロス、紙ベースのものをレザー・ペーパーと呼んでいる。

レタッチ（retouch）

＊製版の過程で、写真や絵画などの調子や色バランスなどを手工的に修正する作業全般をいう。

レタリング（lettering）

デザイン的な配慮を加えて、文字を手書きする技術。本の＊背文字や映画のタイトル、ポスター、看板等に用いられる。

連　　　〔用紙〕

洋紙の数量を表す単位。印刷用紙は一般的に 1,000 枚を 1 連（巻取紙の場合も 1,000 枚分を 1 連）とし、取引もすべて連単位で行われる。なお＊板紙は 100 枚を 1 連として表示する。
→〈連量〉（P.66）

廉価版

→〈普及版〉（P.53）

連字（連続活字）　　　〔印刷／活版〕

使用頻度の高い言葉、例えば"東京""株式会社"などを、1 個のボディに鋳込んだ活字。

レンタルブック

コミックを中心にした書籍の貸し出し。2000 年代初頭から急増し、大手レンタルチェーンも参入。レンタル業界の団体である日本コンパクトディスク・ビデオレンタル商業組合（CDV-J）によると、2021 年 12 月現在の加盟店舗数は全国で 2,085 店（233 組合）。2007 年 1 月から、一般社団法人出版物貸与権管理センターによる許諾システムが稼動し、レンタル使用料の徴収と分配を行っている。

連量　　　〔用紙〕

用紙の重量を表わす単位。全判 1,000 枚を 1 連とし、その重さをキログラムで表示したもの。

ろ

ロイヤルティー（**royalty**） 〔著作権〕
＊著作権使用料のこと。日本では特に翻訳権使用料を指す場合が多い。特許権使用料としても使われる。

ロゴタイプ（**logotype**）
（1）商品名（雑誌名など）や社名などを特定の＊レタリングによってデザイン化したもの。

（2）〔印刷／活版〕連続活字（＊連字）のこと。

ローズ品
きず物、できそこないの品物のことで、業界では汚損本のこと。中国の蘆頭（ロズ＝薬草の役に立たない部分）が語源という。

ローマン（**roman**）
→付録「活字の書体」（P.83）

ロール紙 〔用紙〕
片面にツヤを付けた用紙。包装紙などに多く用いられる。

ロング・セラー（**long seller**）
長年にわたって売れ続けている書籍。

ロングテール（**Long tail**）
インターネットによる販売では、膨大なアイテム数の商品を低コストで扱えるようになるため、従来の流通経路では売れ筋でなかった商品の売り上げが、総体として無視できない割合になる現象を指す。商品売り上げのグラフの形状を、恐竜の長い尻尾（tail）に見立てた言い方。

わ

ワイド判
（1）＊AB 判のこと。

（2）＊中吊り広告で、横寸法を 2 倍にしたもの。

和紙
日本独特の紙で、7 世紀頃からあるといわれる。機械抄きと手漉きがある。

和書
日本語で書かれ、日本で出版された出版物。洋書、漢書などに対応する。

和綴じ
和紙を二つ折にし、＊袋綴じにして 1 冊にする製本方法。日本では、奈良朝以来行われているといわれる。

和装本
主として和紙を用い、＊和綴じにした本。和本ともいう。

割付（わりつけ） 〔編集〕
文章、図形、写真などの原稿を配置し、＊版面を作ることで、組み方や写真・図版などの位置・大きさを決めること。

割付用紙 〔編集〕
割付に使用する用紙。＊ページ物の場合は普通、見開き 2 ページを 1 枚とし、＊判型よりひと回り大きい用紙に印刷したものを用いる。

ワンプ
製紙会社や印刷所で、製品を包装するのに用いる紙のこと。特に製紙の場合は、紙の銘柄、サイズ、＊連量、目（＊縦目、＊横

目）などが記入される。Wrap（包むの意）からの転用による造語。

A to Z

A 判（A4 判、A5 判、A6 判など）

JIS で定められた紙加工仕上寸法に基づく、書籍・雑誌の大きさ（寸法）の一系列。
→付録「判型の一例」（P.77）

AB 判

＊判型の一種で＊天地が B5 判の縦寸法（257mm）、＊左右が A4 判の横寸法（210mm）になっているもの。雑誌に多く用いられ、ワイド判とも呼ばれる。

ABSC
（アクセシブル・ブックス・サポートセンター）

2019 年の「読書バリアフリー法」の制定を受け、「アクセシブル・ブックス」の推進に必要な情報の発信を目的に、JPO（日本出版インフラセンター）内に設置された。
→〈JPO〉（P.70）〈アクセシブル・ブックス〉（P.6）〈読書バリアフリー〉（P.45）

ASCII
（American Standards Code for Information Interchange）

アメリカの情報交換用の標準コード。7 ビットで一つの文字・記号を表現する。コンピュータ間でデータ交換をする場合の英数字の最も標準的なコード。日本の JIS コードもこれに基づいてつくられた。

APPA

→〈アジア・太平洋出版連合〉（P.6）

B 判（B4 判、B5 判、B6 判など）

JIS で定められた紙加工仕上寸法に基づく、書籍・雑誌の大きさ（寸法）の一系列。
→付録「判型の一例」（P.77）

Books（https://www.books.or.jp）

＊日本出版インフラセンター（JPO）の運営する書籍検索サイト（データベース）。2024 年 2 月現在の登録件数は、入手不可能なものも含めて、書籍 :3,209,077 件、電子書籍 :566,743 件、定期誌・増刊 :34,005 件、オーディオブック :5,130。データは日次更新。

©記号（まるしーきごう）　　　　〔著作権〕

著作権所有を示す国際記号。C は copyright の略。表示方法は©の他に、著作権者名、＊第一発行年を併記する。この表示を行うことによって、登録をもって著作権保護の条件とする国々においてもその著作権が保護される便法である（＊万国著作権条約 3 条 1）。

CD　　　　　　　　　　　　　　〔コン〕

直径 12cm あるいは 8cm の光ディスク規格の一つで、デジタル情報を記録するためのメディア。レーザー光を照射し、その反射によって情報を読み取る。読み出し専用の CD-ROM（Compact Disc Read Only Memory）、書き込み可能な CD-R（Compact Disc Recordable）等がある。

CTP（Computer to Plate）

コンピュータによって作成したデータを、フィルムを介さず、直接刷版に焼き付けて出力する技術。

CTS（Computerized Type Setting）

コンピュータを使って電子的に文書を編集し、印刷原版を制作するための専用システム。電算写植システムともいう。

→〈電算写植〉（P.43）

CVS（Convenience Store）

コンビニエンスストアの略。出版物の流通ルートのひとつで、2021 年で全体の構成費の約 8% を占めている（2001 年時には 21%であった）。

→付録「主な出版流通経路」（P.76）

DAISY

→〈デイジー〉（P.42）

DRM（Digital Rights Management）

デジタル化された著作物の著作権を保護し、その複製やその他の利用を管理・制限する技術の総称。複製を制限するコピー・プロテクション技術等の他、広義には電子透かし等も含まれる。

dpi（Dots Per Inch）　　〔コン〕

画面表示や、プリンタでの 1 インチにふくまれるドット（点）の個数で、解像度の単位。

DTP（Desk Top Publishing）　〔コン〕

1 台の小型コンピュータを使用して、文章の編集や、*レイアウト、版下作成、印刷等を行うシステム。現在はほぼ DTP にてレイアウト・組版等の作業が行われている。代表的なソフトに「InDesign」「QuarkXPress」がある。

DVD（Digital Versatile Disk）

データ記憶媒体の一種。CD と同じ直径 12cm の光ディスクメディアだが、片面で 4.7GB と CD（640MB）に比べ、記録容量が格段に大きい。

e ブック

→〈電子書籍〉（P.43）

EDI（Electronic Data Interchange）

電子データによる情報交換システムで、書店から直接出版社へ販売情報を提供する。

EPS（Encapsulated PostScript）　〔コン〕

*ポストスクリプトを使った画像ファイルの保存形式。*DTP で画像データを扱う際の標準的なフォーマット。

ePUB　　〔コン〕

国際電子出版フォーラム（International Digital Publishing Forum, IDPF）が策定した電子書籍のファイルフォーマット規格。デバイスの大きさに合わせて表示を調整する「リフロー機能」を持つ。

FIPP

→〈世界雑誌連合〉（P.33）

GIF（ジフ）（Graphic Interchange Format）
〔コン〕

画像ファイルを保存する標準的な圧縮方式のフォーマット。

→〈JPEG〉（P.70）

HTML（Hyper Text Markup Language）
〔コン〕

*マルチメディアのハイパー画面を記述するための言語。*インターネットのホームページ作成言語でテキストに様々な命令コマンド（タグ）を付けて行う。

IC タグ

→〈RFID〉（P.71）

IEC
（International Electrotechnical
Commission）

国際電気標準会議。電気工学および電子工学の関連技術の標準化を行う国際機関。その専門委員会 TC100 で、オーディオ、ビデオ、マルチメディア技術に関する国際標準化を行い、さらにその下の専門分科会 TA1 で、電子出版及び電子書籍を扱う。

IPA

→〈国際出版連合〉（P.22）

ISBN
(International Standard Book Number)

国際標準図書番号。イギリスから始まった国際的な図書コード（書籍の番号）。日本でも「＊日本図書コード」の形で、1981年1月から採用されており、日本図書コード管理センターで割当てにあたっている。

→付録「日本図書コードの構造」（P.88）

ISO
(International Organization for Standardization)

国際標準化機構。工業関連分野の国際規格を統一、標準化する国際機関。

ISSN
(International Standard Serial Number)

国際標準逐次刊行物番号。＊定期刊行物に付けられる国際的なコード（番号）。日本では国立国会図書館が割当てにあたっている。

JAN コード（Japanese Article Number）

量販品等の国際規格コード EAN の日本版。出版物の外側についているバーコードで表示され、書籍 JAN コードは日本図書コードとの整合性を保つために上下2段としている。上段に ＊ISBN のチェックデジットを除いたもの、下段に分類（C コード）、＊本体価格等が含まれる。雑誌では、491で始まる13桁となっている。

JASRAC（ジャスラック）

→〈日本音楽著作権協会〉（P.47）

JCOPY

→〈出版者著作権管理機構〉（P.28）

JIS（Japanese Industrial Standards）

日本工業規格。品質、機能等が定められた範囲内であることを保証するための国家規格で、経済産業省が認可している。

JIS 漢字コード

主としてコンピュータでのデータ交換や文字処理に用いる漢字・非漢字とそれらのコード番号を規定した JIS 規格。1978年に制定され、その後、1983年、1990年、1997年に改定された。2004年には、いわゆる第三水準、第四水準の漢字を含んだ計11,233字（うち漢字10,050字）からなる JISX0213 が制定されている。

JPEG（ジェイペグ）　　　　　　〔コン〕

静止画像の圧縮、伸長方式のこと。規格を策定した国際標準化機関の Joint Photographic Experts Group の略称が名称に使われている。動画像は MPEG。→〈MPEG〉（P.71）

JPO
(Japan Publishing Organization for Information Infrastructure Development)

一般社団法人日本出版インフラセンター。出版情報および出版業界システムの基盤整備により業務の共同化・標準化等を進め、出版流通の改善を図ることを目的とした組織。2002年4月設立。日本図書コード管理センター、雑誌コード管理センター、書店マスタ管理センター、出版情報登録センター（JPRO）、アクセシブル・ブックス・サポートセンター（ABSC）から構成される。

LAN（Local Area Network）　　〔コン〕

構内情報通信網。企業内等限られた範囲を対象にした、コンピュータネットワーク。

lpi（line per inch）

→〈スクリーン〉（P.31）

MARC（マーク）

機械可読目録（MAchine Readable Cataloging）の略。主として図書館で利

用するために、出版物の書誌情報をコンピュータで処理可能な形で作成した目録。国会図書館の Japan MARC のほか、大手取次会社が開発した民間 MARC がある。

MO ディスク（**Magneto Optical disk**）
〔コン〕

光磁気ディスク。光磁気効果と熱磁気効果を利用した記憶媒体。消去、書込みができパソコンにも接続できる。3.5 インチが主流。

MPEG（**エムペグ**）
〔コン〕

動画像の圧縮・伸長方式のこと。規格を策定した国際標準化機関の Moving Picture Experts Group の略称が名称に使われている。静止画像は JPEG。
→〈JPEG〉（P.70）

MS-DOS
（**MicroSoft Disk Operating System**）
〔コン〕

16 ビットと 32 ビットのパソコンの基本ソフト。

NDC（**Nippon Decimal Classification**）
→〈日本十進分類法〉（P.47）

OCR（**Optical Character Reader**）

光学式文字読み取り装置。手書きや印刷した文字、記号、数字、図形等を直接読み取り、コンピュータにデータ入力する装置。

OCR-B フォント

光学読取可能な書体の一種で、2006 年まで、*日本図書コードにこの書体が採用されていた。

PDF（**Portable Document Format**）〔コン〕

米アドビ社（Adobe）が開発した電子ドキュメント用のフォーマット。どのコンピュータ環境でも共通に利用でき、データ量を小さくできることから、*DTP 組版などの

データを * インターネットで配信する際に用いられている。

POP（**Point Of Purchase**）広告　〔宣伝〕

購買時点広告。小売店などで特定の商品を目立たせ、客の注意を引く広告のこと。

POS（**ポス**）（**Point Of Sales**）
〔販売〕

販売時点情報管理のシステム。店頭の POS レジを端末に、販売時の商品名、価格等を管理し、商品全体の売上げ、在庫等の管理を行うシステム。商品に付けられたコード（* バーコードなど）をレジで光学的に読み取る方式が一般的である。

PS
〔コン〕
→〈ポストスクリプト〉（P.58）

PS 版（**Presensitized plate**）

* オフセット印刷の * 刷版として主流をなすもの。あらかじめ感光材を塗布した版を用いる。

PUR 製本
〔製本〕

* 無線綴じの一種で、接着強度の強い接着剤（PUR（Poly Urethane Reactive）・ホットメルト接着剤）を使用することで、強度が強く、のどが開きやすい本ができる製本の方法。環境負荷が低い。

RAM（**Random Access Memory**）　〔コン〕

データの書き込み、読み出しが自由にできる、半導体を利用したメモリ。電源を切ると記録は消えてしまう。*ROM と対照的なメモリ。RAM にはダイナミック RAM（DRAM）とスタティック RAM（SRAM）の 2 種類がある。

RFID（**Radio Frequency IDentification**）

IC タグに埋め込んだ情報を読み取り機（リーダ）によって読み取る無線通信技術またはそれを利用したシステムをいう。狭義には、IC タグそのものを指す場合もあ

る。

ROM（Read-Only Memory） 〔コン〕

読み出し専用メモリ。電源を切っても書き込んである記録は消えないが、新しい記録を書き込むことはできない。パソコンで変更する必要のないシステム・プログラム等を搭載していることが多い。

SARLIB

→〈図書館等公衆送信補償金管理協会〉（P.46）

SARTRAS

→〈授業目的公衆送信等管理協会〉（P.28）

SCM（Supply Chain Management）

資材の調達、生産、物流、販売という一連の事業活動を総合的に管理し、全体の効率化を図るための手法。あるいはその手法を用いた取り組みのこと。

SGML

（Standard Generalized Markup Language）
〔コン〕

電子出版や大規模の文書処理のための汎用マークアップ言語。マークアップとは、文字の大きさ等、レイアウトの指定をする特定の記号。

Tex（テック、テフ） 〔コン〕

文書処理システム。特に数式処理に適しており、理工学の研究分野や論文では標準となっている。最近では、*DTP などにも利用されている。

TIBF

→〈東京国際ブックフェア〉（P.45）

TIFF（ティフ）

（Tagged Image File Format） 〔コン〕

画像データを保存するためのフォーマットで、多くのグラフィックス・ソフトが対応している。

TTS 〔コン〕

テキスト・トゥ・スピーチ。テキストの自動読み上げ機能。

URL（Uniform Resource Locator） 〔コン〕

ホームページのアドレス。*WWWサーバーのアドレスで、インターネット上のホームページの場所を指す。

UV インキ（紫外線硬化インキ） 〔印刷〕

UV 光（紫外線）を照射させることで固まるインキのこと。速乾性があり短納期に対応できる。

WCT（WIPO Copyright Treaty）

1996 年 12 月に WIPO（世界知的所有権機関）外交会議で、WIPO 実演・レコード条約とともに採択された条約。譲渡権、公衆への伝達権、技術的手段回避の禁止等を規定した。2023 年 11 月末現在、115 ヵ国が加盟している。

Web 〔コン〕

→〈WWW〉（P.72）

WWW（World Wide Web） 〔コン〕

Web（蜘蛛の巣の意味）とも呼ばれる。世界中を蜘蛛の巣上に結んでいるインターネット上の情報検索システム。

WIPO（ワイポ）

→〈世界知的所有権機関〉（P.33）

XML（EXtensible Markup Language）
〔コン〕

文書やデータの意味や構造を記述するためのマークアップ言語の一つ。当初、SGMLのサブセットとして開発され、ユーザが独自のタグを指定することができる。

→〈SGML〉（P.72）

付録

目次

主な出版流通経路 ……………………………… 76

委託期間と請求期日 ……………………………… 77

判型の一例 ……………………………………… 77

本の各部分の名称 ………………………………… 78

和文活字の大きさ ………………………………… 79

文字の大きさ …………………………………… 80

DTP ポイントと文字サイズ換算表 ……………… 81

写真植字の書体・写真写植の変形文字 ………… 82

活字の書体 ……………………………………… 83

記号文字・罫線 ………………………………… 84

版の掛け方 ……………………………………… 85

版式の特徴 ……………………………………… 86

紙の種類と用途 ………………………………… 87

日本図書コードの構造 …………………………… 88

チェック数字の求め方 …………………………… 88

校正記号表 ……………………………………… 89

年間読書カレンダー ……………………………… 90

関係団体一覧 …………………………………… 92

主な出版流通経路

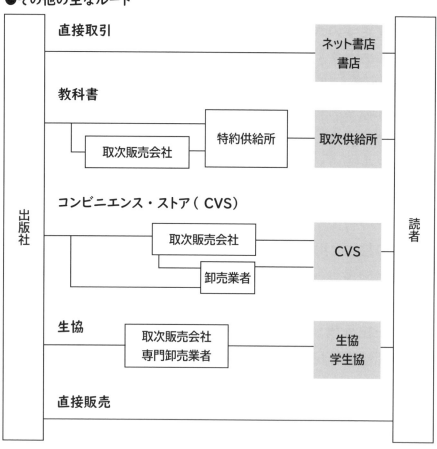

●取次・書店ルート

出版社 → 取次販売会社 → 書店 → 読者

●その他の主なルート

直接取引
ネット書店
書店

教科書
取次販売会社　特約供給所
取次供給所

コンビニエンス・ストア（CVS）
取次販売会社
卸売業者
CVS

生協
取次販売会社
専門卸売業者
生協
学生協

直接販売

出版社　読者

『トーハン週報別冊　よくわかる出版流通のしくみ』（メディアパル）をもとに作成。

委託期間と請求期日

	出版社一取次会社		取次会社一書店	
	委託期間	請求	委託期間	請求
書籍 新刊委託	6ヵ月間	6ヵ月目	3ヵ月半 （105日）	翌月請求
月刊誌 委託	3ヵ月間	3ヵ月目	2ヵ月間 （60日）	翌月請求
週刊誌 委託	2ヵ月間	3ヵ月目	45日間	翌月請求
長期委託 6ヵ月以内	（例） 7ヵ月間 （8ヵ月目請求）	9ヵ月目	6ヵ月間 （7ヵ月目請求）	8ヵ月目
常備寄託 1年以上	（例） 1年1ヵ月間 （1年2ヵ月目請求）	1年3ヵ月目	1年間 （1年1ヵ月目請求）	1年2ヵ月目
延勘定 買切り扱い	（例） 3ヵ月延勘 （3ヵ月目請求）	4ヵ月目	3ヵ月延勘 （3ヵ月目請求）	4ヵ月目

判型の一例

名称	仕上寸法		名称	仕上寸法	
	左右（mm）	天地（mm）		左右（mm）	天地（mm）
A4判	210	297	菊判	152	218
A5判	148	210	四六判	127	188
A6判（文庫）	105	148	A40取	84	148
B5判	182	257	B48取	91	171
B6判	128	182	AB判（ワイド判）	210	257
B40取（新書）	103	182			

本の各部分の名称

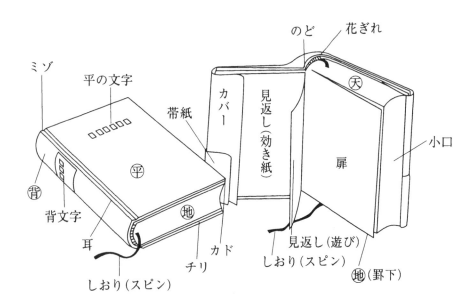

ミゾ
平の文字
帯紙
カバー
のど
花ぎれ
見返し(効き紙)
天
小口
扉
背
背文字
耳
しおり(スピン)
チリ
カド
見返し(遊び)
しおり(スピン)
地(罫下)
平
地

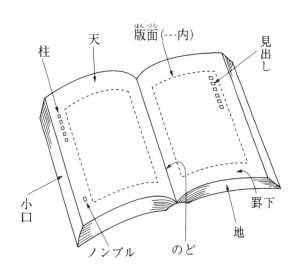

柱
天
版面(---内)
見出し
小口
ノンブル
のど
地
罫下

和文活字の大きさ

① 初号（四二ポ）　出版事業
② 36ポ　出版事業
③ 30ポ　出版事業の
④ 一号（二七・五ポ）　出版事業の健
⑤ 24ポ　出版事業の健全
⑥ 二号（二一ポ）　出版事業の健全な
⑦ 20ポ　出版事業の健全な

⑧ 18ポ　出版事業の健全な発
⑨ 三号（一六ポ）　出版事業の健全な発展
⑩ 16ポ　出版事業の健全な発展
⑪ 14ポ　出版事業の健全な発展と
⑫ 四号（一三・七五ポ）　出版事業の健全な発展と出
⑬ 12ポ　出版事業の健全な発展と出版文
⑭ 五号（一〇・五ポ）　出版事業の健全な発展と出版文化の
⑮ 10ポ　出版事業の健全な発展と出版文化の向
⑯ 9ポ　出版事業の健全な発展と出版文化の向上
⑰ 8ポ　出版事業の健全な発展と出版文化の向上に資す
⑱ 六号（八ポ）　出版事業の健全な発展と出版文化の向上に資す
⑲ 7ポ　出版事業の健全な発展と出版文化の向上に資する目的
⑳ 6ポ　出版事業の健全な発展と出版文化の向上に資する目的で書籍出
㉑ 七号（五・二五ポ）　しゅっぱんじぎょうのけんぜんなはってんとしゅっぱんぶんかのこう
㉒ 5ポ　しゅつぱんじぎょうのけんぜんなはってんとしゅつぱんぶんかのこうじょう
㉓ 4.5ポ　しゅつぱんじぎょうのけんぜんなはってんとしゅつぱんぶんかのこうじょうにしする

※実際の大きさとは異なります（1級＝0.25mm、ポイントの大きさは文字サイズ換算表（P.81）を参照）

文字の大きさ

ポイント

6 ポ	これから出る本
7 ポ	これから出る本
8 ポ	これから出る本
9 ポ	これから出る本
10ポ	これから出る本
11ポ	これから出る本
12ポ	これから出る本
14ポ	これから出る本
16ポ	これから出る本

これから出る　18ポ

これから出る　20ポ

これから出る　24ポ

これから出る　30ポ

級　数

7 級	これから出る本
8 級	これから出る本
9 級	これから出る本
10級	これから出る本
11級	これから出る本
12級	これから出る本
13級	これから出る本
14級	これから出る本
15級	これから出る本
16級	これから出る本
18級	これから出る本
20級	これから出る本

これから出る本　24級

これから出る本　28級

これから出る本　32級

これから出る本　38級

これから出る　44級

これから出　50級

※実際の大きさとは異なります（1 級＝ 0.25mm、ポイントの大きさは文字サイズ換算表（P.81）を参照）

DTP ポイントと文字サイズ換算表

DTPポイント

6ポ これから出る本

7ポ これから出る本

8ポ これから出る本

9ポ これから出る本

10ポ これから出る本

11ポ これから出る本

12ポ これから出る本

14ポ これから出る本

16ポ これから出る本

18ポ これから出る本

20ポ これから出る本

24ポ これから出る本

30ポ これから出る本

34ポ これから出る本

38ポ これから出る本

42ポ これから出る本

文字サイズ換算表

級数 0.25mm	換算寸法 mm	JIS ポイント 0.3514mm	DTP ポイント 0.3528mm
	9.878		28
38	9.840	28	
	9.500		
	8.467		24
32	8.434	24	
	8.000		
	7.056		20
28	7.028	20	
	7.000		
	6.350		18
24	6.325	18	
	6.000		
	5.645		16
20	5.622	16	
	5.000		
	4.939		14
18	4.920	14	
	4.500		
	4.234		12
16	4.217	12	
	4.000		
	3.881		11
15	3.865	11	
	3.750		
	3.690	10.5	
	3.528		10
14	3.514	10	
13	3.500		
	3.250		
	3.175		9
12	3.163	9	
	3.000		
	2.822		8
11	2.811	8	
10	2.750		
	2.500		
	2.470		7
9	2.460	7	
	2.250		
	2.117		6
8	2.108	6	
	2.000		
	1.764		5
7	1.757	5	
	1.750		

※実際の大きさとは異なります（1級＝0.25mm、ポイントの大きさは上記文字サイズ換算表を参照）

写真植字の書体・写真写植の変形文字

細明朝体
愛のある本づくり

中明朝体
愛のある本づくり

太明朝体
愛のある本づくり

特太明朝体
愛のある本づくり

中ゴシック
愛のある本づくり

太ゴシック
愛のある本づくり

特太ゴシック
愛のある本づくり

ゴナM
愛のある本づくり

ゴナDB
愛のある本づくり

ゴナE
愛のある本づくり

ナールL
愛のある本づくり

ナールD
愛のある本づくり

ナールE
愛のある本づくり

中教科書体
愛のある本づくり

正　体　写真植字の字体

平体I　写真植字の字体

平体II　写真植字の字体

平体III　写真植字の字体

長体I　写真植字の字体

長体II　写真植字の字体

長体III　写真植字の字体

正斜体　写真植字の字体

平斜体I　写真植字の字体

平斜体II　写真植字の字体

長斜体I　写真植字の字体

長斜体II　写真植字の字体

活字の書体

和文活字体の一例

明　朝	ひらがな盛衰記	教科書	ひらがな盛衰記
ゴシック	ひらがな盛衰記	宋　朝	ひらがな盛衰記
丸ゴシック	ひらがな盛衰記	隷　書	ひらがな盛衰記
アンチック	ひらがな盛衰記	行　書	ひらがな盛衰記
正楷書	ひらがな盛衰記	清　朝	ひらがな盛衰記

欧文活字書体の一例

センチュリー・ボールド	ABCDEFGHIJKLMNOPQRSTUVWXYZ abcdefghijklmnopqrstuvwxyz　1234567890
センチュリー・オールド	ABCDEFGHIJKLMNOPQRSTUVWXYZ abcdefghijklmnopqrstuvwxyz　1234567890
センチュリー・オールドイタリック	ABCDEFGHIJKLMNOPQRSTUVWXYZ abcdefghijklmnopqrstuvwxyz　1234567890
センチュリー・スクールブック	ABCDEFGHIJKLMNOPQRSTUVWXYZ abcdefghijklmnopqrstuvwxyz　1234567890
ボドニーブック	ABCDEFGHIJKLMNOPQRSTUVWXYZ abcdefghijklmnopqrstuvwxyz　1234567890
バスカービル・ローマン	ABCDEFGHIJKLMNOPQRSTUVWXYZ abcdefghijklmnopqrstuvwxyz　1234567890
フーツラ・ライト	ABCDEFGHIJKLMNOPQRSTUVWXYZ abcdefghijklmnopqrstuvwxyz　1234567890
フーツラ・メディアム	ABCDEFGHIJKLMNOPQRSTUVWXYZ abcdefghijklmnopqrstuvwxyz　1234567890
ニューズ・ゴシック	ABCDEFGHIJKLMNOPQRSTUVWXYZ abcdefghijklmnopqrstuvwxyz　1234567890
オプティマール	ABCDEFGHIJKLMNOPQRSTUVWXYZ abcdefghijklmnopqrstuvwxyz　1234567890

記号文字・罫線

区切り記号

、 読点，テン
。 句点，マル
・ 中黒
， コンマ
． ピリオド
： コロン
； セミコロン
' アポストロフィ
! 感嘆符，エクスクラメーション・マーク，雨だれ
? 疑問符，耳だれ

括弧類

（ ） かっこ，パーレン
「 」 かぎ，かぎかっこ
『 』 二重かぎ
〔 〕 亀甲
【 】 墨付きパーレン
[ ] ブラケット
{ } ブレース
〈 〉 山かっこ
《 》 二重山かっこ
' ' コーテーションマーク
" " ダブル・コーテーション

〝 〟 ちょんちょん，ダブル・ミニュート

つなぎ記号

- ハイフン
– 二分ダーシ
＝ 二重ハイフン
— ダッシュ，ダーシ
〜 波形，波ダッシュ
… 三点リーダー
‥ 二点リーダー

しるし物

※ 米印
＊ アステリスク

表　　罫	────────
裏　　罫	────────
双 柱 罫	════════
子持ち罫	────────
三 筋 罫	════════
無 双 罫	════════
かすみ罫	▐▐▐▐▐▐▐▐
リーダー	‥‥‥‥‥‥‥‥
ミシン罫	·········

波罫，ブル罫	〜〜〜〜〜〜〜
飾 り 罫	▪▪▪▪▪▪▪▪▪▪
	➤➤➤➤➤➤➤➤
	❧❧❧❧❧❧❧❧
オーナメント	──◆●●◆──
	──◆●●◆──
	──◆●●◆──
花　　形	❈❈❈❈❈❈❈❈
	✻✻✻✻✻✻✻✻

版の掛け方

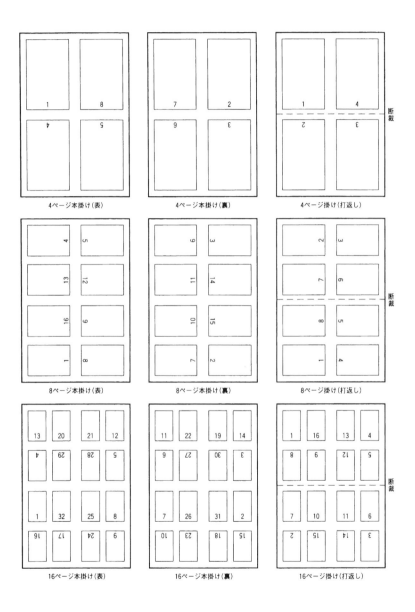

版式の特徴

	活版印刷（凸版）	オフセット印刷（平版）	グラビア印刷（凹版）
文字の再現性	・鮮明で力強い ・細い線は印圧によってインキが外にはみ出し、太くなることがある。	・広い面積のベタもムラなく刷れる。 ・凸版のような力強さはないが鮮明。	・シャープさに欠ける。 ・白抜きの細い文字は再現しにくい。
写真の再現性	・解像度が低く、シャドー部のディテールは再現しにくい。 ・単色の低線物に限定される。	・ハイライト部の再現性が良く、ソフトな感じの原稿の再現に向く。 （写真の再現に優れる）	・シャープさに欠けるが印刷の濃度域が広いため、原稿に近い再現性が得られる。 ・ハイライト部を除き、グラデーションの再現性が良い。 ・全体にコクがある感じに仕上がる。
刷版	・比較的簡単に作れる。	・比較的簡単に作れるため、多面付けによる印刷が可能。	・時間とコストがかかる。
校正	・青焼き	・DDCP（ダイレクトデジタルカラープルーフ）	・DDCP（ダイレクトデジタルカラープルーフ）
印刷インキ	・枚葉は酸化重合タイプ。 ・輪転印刷用は浸透タイプ。	・枚葉は酸化重合タイプ。 ・輪転印刷用は加熱蒸発乾燥タイプ。	・溶剤蒸発乾燥タイプ。
インキの付着量	・比較的多い。	・比較的少ない。	・多い。
版の大きさ	・A倍判まで。	・A倍判まで。	・A3倍判まで。
印刷用紙	・中質紙、更紙が主流	・アート紙、コート紙、中質紙が主流 ・インキ粘度が高く、用紙の表面強度が必要。	・平滑性の高いグラビア用紙を使用する。
主な用途	・書籍（本文） ・雑誌（本文）	・雑誌（表紙、口絵、本文） ・カレンダー ・パンフレット ・カタログ ・辞書	・写真集 ・雑誌（口絵、本文） ・グラフ誌
見分け方	・網点や文字を拡大してみると、マージナル・ゾーンが見える。 ・細い線の周囲にインキが少しにじみ出ている。 ・薄い紙に印刷した場合、印圧によって画線部の形に紙の裏側が出っ張ることがある。	・文字のシャープさや網点の形状は凸版に近いが、インキの付着量が均等でマージナル・ゾーンがない。	・文字や線もセルで再現されるためルーペで見ると周辺がギザギザになっている。 ・ベタ部にモットリング（インキの流れ込み）が見られることがある。

紙の種類と用途

種類		特色	用途
キャストコート		・鏡のような光沢を持たせた用紙。	・雑誌の表紙
アート紙		・コート紙よりも塗工量が多く、印刷の再現性を重視した用紙。	・高級印刷
コート紙		・アート紙に劣るが印刷の再現性がある。	・ポスター　・書籍のカバー、口絵　・雑誌の表紙、口絵
マットコート紙		・コート紙ではあるが、表面をマット調にしたもの。文字が読みやすく厚みもある。	・カラー入り書籍の本文
中質コート		・上質コート紙より品質はやや劣る。 ・中質紙に塗工した用紙。	・書籍の口絵　・雑誌の口絵 ・多色オフセット　・多色グラビア
微塗工紙		・上質紙や中質紙に微量塗工をした経済効果の高いもの。	・雑誌の口絵　・書籍の本文　・チラシ
上質紙		・化学パルプ100%使用	・高級多色印刷で光沢を嫌うもの。 ・書籍の本文　・雑誌の口絵　・筆記用紙
中質紙		・上質紙より品質はやや劣る。 ・上質紙より不透明で束（厚み）が出るので、斤量が少なくて使用できる。	・雑誌の本文
グラビア用紙		・写真の再現性、印刷の力強さに特色がある。 ・平滑性、不透明度を高くして、グラビア印刷適正を持たしている。	・美術全集の口絵　・雑誌の口絵
下級紙 （つや更、ラフ更）		・表面状態により、つや肌とラフ肌があり、印刷適正はつや肌が優るが、雑誌の体裁上、厚みを必要とするものでは、ラフ肌を必要とする。 ・ラフ肌を使用する場合は、印刷の効果を落とさないように、原稿に十分留意する必要がある。	・雑誌の本文 　雑誌出版社では使用量最大。
インディアン紙		・紙質が薄く、1冊の本に多数ページを収容できる。 ・薄いので特に裏抜け防止の処置がしてある。	・辞典 ・縮刷版
段ボール原紙			・段ボール箱
白版板	高級白板	・コート　・ノーコート紙	・雑誌表紙
	中級白板	・コート　・ノーコート紙	・雑誌表紙　・口絵
	白ボール	・コート　・ノーコート紙	・絵本
チップボール 黄ボール			・書籍表紙の芯

88

日本図書コードの構造
ISBN (International Standard Book Number)

ISBN (国際標準図書番号)　　　　分類記号　　　価格コード

ISBN 978-4-532-16594-9　　　　C0034　　　¥1500E

国記号　出版者記号　書名記号　チェック数字　　販売対象　発行形態　内容　　本体価格
（日本は4）　└合計8桁┘

チェック数字の求め方

例：978 - 4 - 87085 - 188 - □

奇数桁の合計× 1:9 + 8 + 8 + 0 + 5 + 8=38 × 1=38（a）

偶数桁の合計× 3:7 + 4 + 7 + 8 + 1 + 8=35 × 3=105（b）

（a）+（b）=143　10 - 下一桁数字 :10 - 3=7　←チェック数字

1）チェック数字（C/D=Check Digit）を除いた 978 からはじまる 12 桁のコードをそのまま並べ、左から「奇数桁の数字の合計× 1」と「偶数桁の数字の合計× 3」の和を求める。

2）10 -（上で求めた和の下 1 桁数字）がチェック数字である。

3）求めた和の下 1 桁がゼロ（0）の場合はチェック数字もゼロ（0）となる。

出展 : 印刷学会出版部

校正記号表

出典：㈱印刷学会出版部

校正記号表

日本工業規格、印刷校正記号（JIS Z 8208：2007）から主要なものを抜粋・編集した。この規格は、印刷の校正に用いる記号について規定する。なお、原稿に指定する場合にも、この記号を準用する。
★点線以下に示した記号は、線の上に掲げた記号以外に使用できる各許容の方法。

記号	記入例（上・左）と修正結果（下・右）
	取り換える
	本を横組みの企画を
	クリッド
	からみの
	原稿の作成／責了と
	組版一般に
	合せて

記号	記入例（上・左）と修正結果（下・右）
	左とじ／上から下に並べ
	イキ／組版秀法・組版方法
	italic
	sin x
	revised proof
	bold／$a+b$
	capital／Capital／CAPITAL
	SMALL letter／small letter
	Na_2SO_4

記号	記入例（上・左）と修正結果（下・右）
	$CuFeS_2$
	$1t = 10^4 kg$
	$a_1 + b_2 + c_2$
	12月13日
	prefighting
	校正刷
	原稿と校正刷

句読点・中点類・リーダー・ダッシュ（ダーシ）・1分・2分

記号	記入例（上・左）と修正結果（下・右）
	一初　校／最初の校正刷が組
	はDTPとよばれて
	本の天と地
	観点は
	背標は／せひよう

ハイフン／マイナス／カタカナ／オンビキ／ゼロ／大オ

年間読書カレンダー

若い人に贈る読書のすすめ

1 〜 3 月

読書推進運動協議会主催。新成人、新社会人を対象とした図書を選定し、リーフレットを作成・配布。

絵本週間

3 月 27 日〜 4 月 9 日

全国学校図書館協議会が制定。アンデルセンの誕生日で「国際子どもの本の日」である、4 月 2 日をはさんで 2 週間。絵本文化の発展と、教育の場や家庭に「絵本読書」が定着することを願って設けられた。

国際子どもの本の日

4 月 2 日

日本国際児童図書評議会（JBBY）主催。世界中が子どもの本を通して国際理解を深めるために、アンデルセンの誕生日の 4 月 2 日を「国際子どもの本の日」と定めた。IBBY（国際児童図書評議会）は、この提案を受け、1967 年からこの日を正式に祝うことにした。

参考書の日

4 月 8 日

学習参考書協会主催。参考書の大切さを知ってもらおうと 1983 年に制定。全国的に入学式が多いことからこの日が選ばれた。

教科書の日

4 月 10 日

広く一般に教科書の役割を周知し、教科書関係の仕事に従事する者が、その社会的意義と責任を再確認することを目的に、教科書協会が中心となり、新しい教科書が児童生徒の手に渡る時期の 4 月 10 日（よいとしょ）に設定された。

春の読者還元祭

4 月 22 日〜 5 月 13 日（2024 年）

日本書店商業組合連合会主催。サン・ジョルディの日に連動し、ネット形式でスピードくじを実施。当選者には図書カードネットギフトをメールで贈る。

世界本の日　サン・ジョルディの日

4 月 23 日

"本と花を贈りあう" 日として、23 日を中心に全国でキャンペーンや記念文化講演会、イベントを開催。サン・ジョルディは、スペイン・カタルーニャ地方の守護神。わが国では 1986 年からこの習慣を取り入れた。また、1995 年のユネスコ総会では、4 月 23 日を「世界本の日」とすることが決議された。

子ども読書の日

4 月 23 日

2001 年 12 月に文部科学省が制定。子どもの読書活動についての関心と理解を深め、子どもが積極的に読書活動を行う意欲を高めることを目的としてる。

毎年同日に、子どもの読書活動推進フォーラムを開催。

世界図書・著作権デー

4 月 23 日

読書・出版に関する著作権や知的財産権の保護促進を目的にユネスコ（UNESCO）が 1995 年に制定した日。

こどもの読書週間

4月23日～5月12日

読書推進運動協議会主催。1959年から実施。幼児から本に親しみ、読書習慣を身につける運動を展開。標語を募集し、約7万枚のポスターを作成・配布。

図書館記念日

4月30日

日本図書館協会主催。1950年4月30日に図書館法が施行され、その日を記念して1971年に「図書館記念日」とすることとした。

上野の森親子ブックフェスタ

5月4日～5日（2024年）

出版文化産業振興財団（JPIC）・子どもの読書推進会議・日本児童図書出版協会主催。子どものためのチャリティ・ブック・フェスティバル、読み聞かせ会、講演会等のイベントを実施。

学校図書館の日

6月11日

全国学校図書館協議会主催。1997年に「学校図書館法の一部を改正する法律」が施行され、12学級以上の小中学校に司書教諭を配置することが義務付けられたことを記念して定められた。

敬老の日読書のすすめ

9月の敬老の日を中心に。

読書推進運動協議会主催。中高齢者を対象にリーフレットを作成・配布。

文字・活字文化の日

10月27日

国民の間に広く文字・活字文化についての関心と理解を深めるようにするため、2005年7月に施行された「文字・活字文化振興法」により制定された。

神保町ブックフェスティバル

10月下旬または11月上旬

神保町ブックフェスティバル実行委員会主催。ワゴンで本の得々市、チャリティーオークション、イベント等を開催。

読書週間

10月27日～11月9日

読書推進運動協議会主催。1947年から実施。各地方読進協を中心に諸行事を開催。標語を募集し、ポスターの作成配布、全国優良読書グループ表彰等を行う。

秋の読者還元祭

10月27日～11月23日（2023年）

日本書店商業組合連合会主催。読書週間の一環として、「春の読者還元祭」と同じく、ネット形式でスピードくじを実施。当選者には図書カードネットギフトをメールで贈る。

本の日

11月1日

「本の日」実行委員会主催。本棚に並ぶ本を見立てて11月1日を指定。全国の書店がイベント等企画を通して、より多くの方に書店に足を運んでもらう活動を行う。

まんがの日

11月3日

日本漫画家協会と出版社5社が2002年8月に制定。「漫画を文化として認知してもらいたい」ということから、文化の日を記念日とした。

雑誌広告の日

11月5日

日本雑誌広告協会主催。この時期が「読書週間」「教育文化週間」にあたるため、1970年に雑誌広告の信頼を得るために制定した。

関係団体一覧

著作者（文芸）

● 協同組合　日本脚本家連盟

● 一般社団法人　日本児童文学者協会

● 一般社団法人　日本児童文芸家協会

● 協同組合　日本シナリオ作家協会

● 一般社団法人　日本推理作家協会

● 公益社団法人　日本文藝家協会

● 一般社団法人　日本ペンクラブ

● NPO 法人　日本翻訳家協会

著作者（美術・漫画）

● 21 世紀のコミック作家の会

● 一般社団法人　日本児童出版美術家連盟

● 一般社団法人　日本美術家連盟

● 一般社団法人　日本美術著作権連合

● 公益社団法人　日本漫画家協会

● 一般社団法人　マンガジャパン

著作者（写真）

● 公益社団法人　日本写真家協会

● 一般社団法人　日本写真著作権協会

出版（全般）

● 一般社団法人　出版梓会

● 公益社団法人　全国出版協会・出版科学研究所

● 一般社団法人　日本雑誌協会

● 一般社団法人　日本書籍出版協会

● 日本出版学会

● 一般財団法人　日本出版クラブ

● 一般社団法人　日本出版者協議会

● 一般社団法人　版元ドットコム

出版（書誌・出版権情報・図書コード）

● 出版情報登録センター（JPRO）

● 一般社団法人　日本出版インフラセンター（JPO）

● 日本図書コード管理センター

出版（教育・児童）

● 学習参考書協会

● 一般社団法人　教科書協会

● 一般社団法人　教科書著作権協会

● 一般社団法人　日本図書教材協会

● 一般社団法人　大学出版部協会

● 一般社団法人　日本国際児童図書評議会（JBBY）

● 日本児童図書出版協会

出版（自然科学）

● 工学書協会

● 一般社団法人　自然科学書協会

● 一般社団法人　日本医書出版協会

出版（人文・社会科学）

● 辞典協会

● 人文会

● 法経会

● 歴史書懇話会

出版（読書推進）

● 一般財団法人　出版文化産業振興財団（JPIC）

● 公益社団法人　読書推進運動協議会

● NPO 法人　ブックスタート

● 公益財団法人　文字・活字文化推進機構

装幀・編集制作

● 一般社団法人　日本図書設計家協会

● 一般社団法人　日本編集制作協会

印刷・製本・製版

● 全日本製本工業組合連合会

● 一般社団法人　日本印刷産業連合会

● 日本製紙連合会

出版取次・書店

● 一般社団法人　日本出版取次協会

● 日本書店商業組合連合会

電子出版

● 一般社団法人　デジタル出版者連盟
　　　　　　　　（電書連）

● 一般社団法人　電子出版制作・流通協議
　　　　　　　　会

● 一般社団法人　日本電子出版協会

● 一般社団法人　ABJ

　　　（General Incorporated Association）

　　　ABJ ＝ Authorized Books of Japan

音楽・レコード

● 一般社団法人　日本音楽出版社協会

● 一般社団法人　日本音楽著作権協会
　　　　　　　　（JASRAC）

● 一般社団法人　日本楽譜出版協会

● 一般社団法人　日本レコード協会

著作権（全般）

● 一般社団法人　コンテンツ海外流通促進
　　　　　　　　機構（CODA）

● 公益社団法人　著作権情報センター
　　　　　　　　（CRIC）

● 有限会社　日本ユニ著作権センター

● 文化庁長官官房著作権課

著作権（複製・貸与）

● 一般社団法人　学術著作権協会

● 一般社団法人　出版者著作権管理機構
　　　　　　　　（JCOPY）

● 一般社団法人　出版物貸与権管理セン
　　　　　　　　ター（RRAC）

● 公益社団法人　日本複製権センター
　　　　　　　　（JRRC）

著作権（出版関連の補償金）

● 一般社団法人　授業目的公衆送信補償金
　　　　　　　　等管理協会（SARTRAS）

● 一般社団法人　図書館等公衆送信補償金
　　　　　　　　管理協会（SARLIB）

出版契約トラブル相談（著作者—出版社間）

● 一般社団法人　出版 ADR

新聞・放送

● 一般社団法人　日本新聞協会

● 公益社団法人　日本専門新聞協会

● 日本放送協会（NHK）

● 一般社団法人　日本民間放送連盟

官公庁

● 国土交通省国土地理院

● 特許庁

● 文部科学省

図書館

● 国立国会図書館（東京本館・関西館・国
　　　　　　　　際子ども図書館）

● 公益社団法人　全国学校図書館協議会

● 公益社団法人　日本図書館協会

新入社員のためのテキスト 3

『出版社の日常用語集』〈第 5 版〉

発行日	1982 年 4 月 1 日	初版第 1 刷発行
	1988 年 4 月 4 日	第 2 版発行
	1997 年 8 月 1 日	第 2 版第 10 刷
	1999 年 3 月 1 日	第 3 版発行
	2007 年 6 月 20 日	〃 第 6 刷
	2008 年 3 月 3 日	第 4 版発行
	2022 年 2 月 25 日	〃 第 4 刷
	2024 年 4 月 22 日	第 5 版発行
	〃 5 月 20 日	〃 第 2 刷

編集　　一般社団法人日本書籍出版協会
　　　　研修事業委員会

発行所　一般社団法人日本書籍出版協会
　　　　〒 101-0051
　　　　東京都千代田区神田神保町 1-32
　　　　TEL：03-6273-7061 （代表）

©Japan Book Publishers Association, 1982,1988,1999,2008,2024　　Printed in Japan
ISBN：978-4-89003-164-1